高速铁路牵引供电系统状态监测与维修决策

刘 航 著

北京交通大学出版社

·北京·

内 容 简 介

本书开展了基于监测信息的牵引供电设备故障状态检测与状态维修决策优化建模研究，研究内容是国铁集团重大科技项目“同相供电系统运用维护技术研究”“高速铁路接触网故障预测与健康管理”“供电系统运行安全性预测和维修策略”的重要组成部分。首先，针对组合式同相供电装置进行全面研究，并针对其中的劣化特点构建有效的状态维修决策及优化模型；然后，基于现场运行的振动、磨损等监测和检测数据，研究了高速接触网、受电弓关键设备及部件的故障状态检测和状态维修优化建模问题。

本书为牵引供电系统的安全预警及状态维护奠定了基础，对扩展检修决策建模与优化技术具有重要的理论意义，对于牵引供电系统开展检测与维修工作、提高牵引供电系统的可靠性、降低系统故障风险、改善高速铁路运输服务水平、节约铁路运营管理费用具有重要的实践意义。

图书在版编目（CIP）数据

高速铁路牵引供电系统状态监测与维修决策 / 刘航著 .—北京：北京交通大学出版社，2023. 11

ISBN 978 - 7 - 5121 - 4819 - 2

Ⅰ. ①高…　Ⅱ. ①刘…　Ⅲ. ①高速铁路–牵引供电系统–设备状态监测②高速铁路–牵引供电系统–维修　Ⅳ. ①U238

中国版本图书馆 CIP 数据核字（2022）第 194217 号

高速铁路牵引供电系统状态监测与维修决策

GAOSU TIELU QIANYIN GONGDIAN XITONG ZHUANGTAI JIANCE YU WEIXIU JUECE

责任编辑：严慧明

出版发行：北京交通大学出版社　　电话：010-51686414　　http：//www. bjtup. com. cn

地　　址：北京市海淀区高梁桥斜街 44 号　　邮编：100044

印 刷 者：北京虎彩文化传播有限公司

经　　销：全国新华书店

开　　本：170 mm×235 mm　　印张：8. 25　　字数：139 千字

版 印 次：2023 年 11 月第 1 版　　2023 年 11 月第 1 次印刷

定　　价：39. 00 元

本书如有质量问题，请向北京交通大学出版社质监组反映。

投诉电话：010 - 51686043，51686008；传真：010 - 62225406；E-mail：press@ bjtu.edu.cn。

前　言

高速铁路均采用电气化，电气化与其他牵引方式相比，牵引供电系统中设备繁多、构造复杂，随着服役时间的延长，高速铁路牵引供电设备的服役性态也在发生着变化，其中一些性能的恶化威胁着高速铁路的安全运行，因此，需要合理维护牵引供电系统，确保其高可靠性，这对铁路的正常运输组织有着重要作用。尽管中国高速铁路牵引供电系统的设计、制造和集成技术已具有世界先进水平，然而，高速铁路牵引供电系统的运营维护管理仍面临着巨大挑战。

一方面，随着高速铁路的发展，工频交流制牵引供电系统存在电分相，造成供电断点，制约运输能力和速度提高这一问题日益凸显。同相供电技术是解决这一问题的关键，虽然近年来同相供电技术已经取得了快速的发展，得到了广泛应用，但有关同相供电装置的运营维护研究仍属空白，这一问题无疑制约了同相供电技术的发展。另一方面，接触网与受电弓系统及关键设备的运行状态对高速铁路牵引供电系统运行仍然具有最为直接的影响，接触网与受电弓系统及关键设备在长期服役过程中出现的性能劣化严重影响牵引供电的运行品质，供电故障时有发生。虽然目前中国正在开展高速铁路牵引供电设备安全检测监测系统（6C 系统）的研究，但如何有效利用监测所获取的海量数据，从而掌握高速铁路牵引供电设备故障状态和设备性能的劣化规律，在此基础上开展状态维修，仍然是一个具有挑战性的亟待解决的重大现实问题。

总而言之，高速铁路牵引供电系统在长期服役过程中的安全性态将发生变化，给高速铁路牵引供电设备运行维护安全带来极大的挑战。解决这一挑战性问题的有效手段是在监测数据分析的基础上，对高速铁路牵引供电系统运行工况进行在线监测与状态检测，通过研究牵引变电所、接触网、受电弓设备及关键部件运行安全性能相关参数，掌握牵引供电故障状态特征的劣化规律，并有针对性地进行维修工作。因此，本书开展了基于监测信息的牵引供电设备故障状态检测与状态维修决策优化建模研究，研究内容是国铁集团重大科技项目“同相供电系统运用维护技术研究”“高速铁路接触网故障预测与健康管理”“供电系统运行安全性预测和维修策略”的重要组成部分。

本书在撰写过程中参阅了国内外相关书籍和文献资料，由于时间和水平有限，书中难免存在疏漏和差错，恳请读者不吝指正。

作　者

2023 年 8 月

目 录

第 1 章

绪 论

1.1 问题的提出

与其他交通运输方式相比，高速铁路优势明显，集中体现在速度快、舒适度高、运输量巨大、节能性好等方面，这些优势使得高速铁路成为世界铁路发展的必然选择。中国国土面积大，使得高速铁路的分布区域特别广，截至 2021 年底，中国高速铁路运营里程已经超过 4 万 km，居世界第一。在高速铁路领域，中国所取得的成就有目共睹，特别是在技术创新方面，已经成功研制出拥有自主知识产权的高速铁路牵引供电系统，同时，就高速铁路发展问题，陆续有包括俄罗斯、美国在内的不少国家与中国寻求合作，体现出我国高速铁路技术水平已经处于国际领先地位[1]。

现阶段，国内高速铁路均采用电气化。随着高速铁路发展速度的不断加快，对运营维护技术的要求也随之提高。对于牵引供电系统来说，涉及的设备不仅数量多、种类多，而且在系统构造方面也极为复杂，对设备运行性能要求更是极为苛刻。然而，受国内地理环境、气候条件等因素影响，牵引供电系统常常会出现故障，而高铁一旦出现停电故障，就会对高铁运输秩序带来严重的影响。除了外部环境因素，高速铁路牵引供电设备的安全性、稳定性还受设备服役时间的影响。在运输工作量一定的情况下，服役时间越长，设备的服役性态越差，严重时甚至会威胁到高铁运输安全。因此，重视牵引供电设备检修工作对确保牵引供电系统的安全性、稳定性、可靠性显得极为重要。从建设规模和质量来看，中国高速铁路牵引供电系统的设计、制造和集成技术已具有世界先进水平，即便如此，依然要清醒地认识到高速铁路牵引供电系统的运营维护管理始终面临着巨大挑战。事实上，目前国内不少媒体已经将高速铁路牵引供电系统的安全运行纳入重点关注范围，因为高铁停电，已经不再是简单的故障或者事故，而将成为社会热点事件。基于此种情况，亟须专门针对高速铁路牵引供电系统开展故障状态检测与状态维修研究工作，唯有如此，才能最大限度地减少系统故障问题，从而实现国内高速铁路的持续健康发展。

高速铁路牵引供电系统担负着为动车组运行提供持续稳定的电能的重要任务，承担着保障高速铁路安全、可靠运行的重要责任。图 1-1 是高速铁路牵引供电系统示意图[1-2]，从图中不难看出，作为联系电力系统和动车组的关键纽带，牵引供电系统主要由牵引变电所和牵引网构成。牵引网由接触网和钢轨组成。对于 AT 供电方式，牵引网还包括 AT 所、分区所等。牵引网的绝大多数设备是安装在室外的，尤其是接触网设备，容易受温度、湿度、天气等自然环境影响，而且没有备用，所以存在较大的安全隐患，发生故障的概率很高[3]。

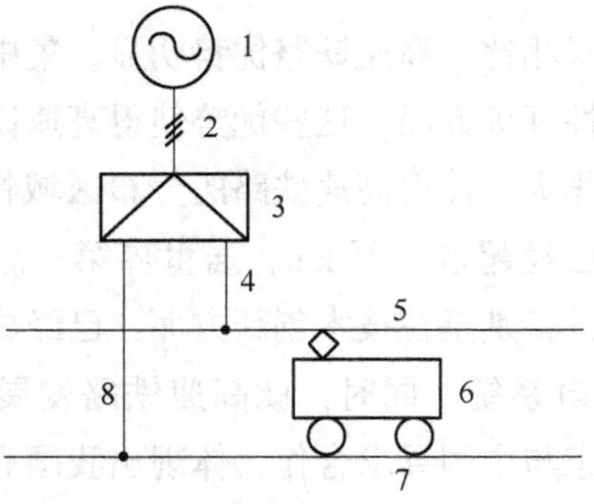

1—外部电源；2—输电线；3—牵引变电所；4—馈电线；5—接触网；6—动车；7—钢轨；8—回流线。

图 1-1 高速铁路牵引供电系统示意图

工频交流制牵引供电系统存在电分相，造成供电断点，制约运输能力和速度提高这一问题日益凸显。如果牵引变电所采用同相供电，那么就可以省去变电所出口分相，有利于提高列车运行的技术速度，提高线路通过能力，效益十分显著。同相供电技术作为近年来的研究热点，很多学者提出了实现同相供电的方法，并在生产实践中获得了应用，适用于在客运专线、城际铁路等高速线路推广应用。文献[4]首次提出了组合式同相供电方案，方案技术先进、可靠，易于实施，且作用明显，集中体现在提升供电能力、治理负序电流、消除供电瓶颈、增强节能效果等方面，还从很大程度上实现了电力行业与铁路运输行业的和谐发展。此外，文献中还强调，在同相供电装置投入运营后，它占牵引供电系统的投资费用比重较大，维修方案制定将是同相供电装置运行面临的首要问题，必须对同相供电装置运营维护成本进行考虑。然而，近年来针对同相供电装置运营维护管理的研究尚属空白，因此有必要对这一问题进行研究。本书结合文献［4］提出的组合式同相供电装置技术，开展了电气化铁路组合式同相供电装置的结构及其状态维修决策建模及优化问题的研究，力图确保其可靠性功能得以最大化发挥。

据权威部门调查显示，在全国高速铁路运营事故中，因牵引供电系统和电力供电系统的故障问题所引起的事故大约占50%以上。牵引供电系统的故障频发，已对整个高速电气化铁路的正常运行构成严重威胁，牵引供电系统的安全可靠性直接关系到高速铁路运输的安全可靠性。与普速铁路相比，高速铁路的牵引供电设备更易受外界干扰，高速弓网关系更为复杂，对安全性要求极为苛刻，因为，高速铁路牵引供电一旦产生故障，不但影响较恶劣，而且抢修恢复难度也较大。基于这些特性，要想确保高速铁路稳定安全运行，必须重视牵引供电设备故障检测和维护工作，尽最大努力降低故障发生的概率。

在文献［5］中，着重对2003年和2004年的系统故障做了调查，其中指出2003年接触网故障占牵引供电系统故障的91%，而在2004年，这一比例上升到95%。从中不难得出这样的结论，即牵引供电系统的可靠性很大程度上取决于接触网的可靠性。接触网系统运行状态的可靠与稳定，直接关系到高速铁路牵引供电系统的顺利运行。对接触网进行故障状态检测与评估，并以此作为高速铁路牵引供电故障状态检测与状态维修的关键步骤，具有重要的现实意义。现阶段，中国不少学者就这一问题做了大量研究，同时还通过对京津线、京广线、郑西线的长时间实证研究，获取了海量有效的系统检测数据，从而为高速铁路牵引供电故障状态检测与状态维修研究提供数据支撑。科学利用实证数据，深入分析高速铁路牵引供电设备的故障状态和各种性能的劣化规律，并在此基础上开展状态维修，已经成为一个具有挑战性的亟待解决的重大现实问题。

值得一提的是，随着高速铁路的发展和牵引供电专业研究的深入和扩展，近年来接触网-受电弓运行状态这一牵引供电与动车组接合部的研究已经成为热点课题，这其实是运营实践后的必然趋势。弓网系统作为牵引供电和动车组两个专业的接合部，受管理模式和技术水平的限制，较长一段时间内处于比较边缘的研究课题，由于缺乏研究，造成铁路运输实践中经常出现弓网运行故障，故障后果影响都比较严重，且故障规律没有得到很好的掌握，预防维修措施针对性也不强。本书针对弓网关系课题也进行了一定研究，主要集中在弓网磨耗引起的故障及预防维修措施方面。

综上所述，牵引供电系统的快速发展带来了一些值得深入研究的科学问题。基于此，建议在监测数据分析的基础上，对高速铁路牵引供电系统运行状态做全面监测与检测，从中分析出系统内部故障的产生规律，特别是牵引变电所和接触网设备的故障状态特征的劣化规律，针对这些规律进一步开展状态维修工作。解决问题的关键就在于如何针对牵引供电设备的劣化特性，开展牵引变电和接触网设备的故障状态检测及维修。

本书旨在分析基于监测信息的牵引供电设备故障状态检测与维修决策优化建模方法，研究内容是国铁集团重大科技项目“同相供电系统运用维护技术研究”“高速铁路接触网故障预测与健康管理”“供电系统运行安全性预测和维修策略”的重要组成部分。首先，针对组合式同相供电装置进行全面研究，并针对其中的劣化特点构建有效的状态维修决策及优化模型；接着，基于现场运行的振动、磨损等监测和检测数据，研究了高速接触网、受电弓关键设备及部件的故障状态检测与维修优化建模问题。本书为牵引供电系统的安全预警及状态维护奠定了基础，对扩展检修决策建模与优化技术具有重要的理论意义，对于牵引供电系统开展检测与维修工作、提高牵引供电系统的可靠性、降低系统故障风险、改善高速铁路运输服务水平、节约铁路运营管理费用具有重要的实践意义。

1.2 国内外研究现状分析

1.2.1 牵引供电状态检测与维修现状

1. 同相供电技术

高速电气化铁路牵引变电所如果广泛采用同相供电技术，那么就可以省去变电所出口分相，达到牵引供电线路同一相位供电的目的，有利于提高列车运行的技术速度，提高线路通过能力，效益十分显著[2]。同相供电技术近年来一直是研究热点，很多学者提出了实现同相供电的方法，并在生产实践中获得了应用[6-7]。文献［4］首次提出了组合式同相供电方案，方案技术先进、可靠，易于实施，在很大程度上实现了电力行业与铁路运输行业的和谐发展。其中，组合式同相供电装置的关键构成元件是交直交变流器，其作用是通过直流储能电容连接进行单相交流—直流—交流变换。然而，目前有关同相供电技术的研究主要集中在结构搭建、潮流控制策略、可靠性分析等方面，有关设备维修方面的文献未见发表。

2. 接触网状态检测技术

作为传输电能的同时还要承受高强度机械冲击的牵引供电系统关键组成部分，接触网的主要功能是通过接触线-受电弓滑动受流给动车组提供动力能源。由于没有备用，接触网系统运行状态直接关系到高速铁路牵引供电系统的顺利运行。生产实践中，当接触网服役时间达到一定阶段时，可能会出现工作性能的严重恶化，就会给高速铁路牵引供电系统的运行状态带来严重影响，甚至可能引发铁路运输安全事件。因此，提升接触网的可靠性是确保牵引供电系统可靠性的必要前提。而要有效提升接触网的可靠性，关键途径是在获取系统关键设备运行状态的基础上，对其进行有效的设备检修，以此来最大限度地预防接触网故障发生。接触网状态检测工作是维修工作的前提条件，为了更加全面、准确地掌握接触网状态，目前主要从功能性、工程性、状态性三个方面开展接触网检测工作[8]。

所谓功能性检测，就是对接触悬挂特点进行划分，分别对每种类型进行性能评价，从中筛选出性能最好的接触悬挂方式，同时分别对不同种类的受电弓进行弓网动态监测，在此基础上找出能够与接触悬挂方式最为匹配的受电弓。从内容上看，功能性检测主要是对受电弓的空气动力、运行轨迹、垂向加速度、弓网接触压力等方面的检测。功能性检测主要是从系统设计角度对接触网进行评价。通常来说，工程性检测往往处于冷滑阶段时的调整阶段，其实质是结合检测后的数据资料，对工程质量进行科学评价，从中找出可能存在的隐患，针对隐患做出适当调整，从而达到提升工程质量的目标。从内容上看，工程性检测主要是对包括接触线高度、拉出值、悬挂硬点、导线接头质量等方面的检测。工程性检测主要是从建设验收角度对接触网进行评价。区别于功能性检测与工程性检测，状态性检测主要是针对已投入运行的接触悬挂的工作状态加以全面检测，结合检测后的数据资料，找出其中可能存在的隐患，并及时做出调整，从而确保系统运行安全。从内容上分析，状态性检测主要是对接触线高度、接触线磨耗、弓网接触压力、拉出值、线岔位置等因素的检测。状态性检测是从运营管理角度对接触网运行进行评价，这也是本书关心和研究的主要方向。

关于接触网的检测方法，还有一种划分是基于检测主体的分类。其一是人工巡检，即依赖于人工的一种检测方法，其特征是检测效率低，随机性强；其二是检测车检测，即借助于专用检测车进行设备动态检测的一种方式，其特征是检测效率高、获取参数多等，与人工巡检相比，这些都是检测车检测的优势，但它的劣势同样客观存在，包括检测周期较长，且更侧重于弓网关系检测，对接触网本身存在的问题检测效果不明显。

综合考虑以上检测方式，侧重点各有不同，优势与劣势都比较显著，都存在一些缺项和空白，因此接触网检测工作的全面性还需要提升。当前铁路供电安全检测监测系统（简称6C系统）的推广和应用涵盖了更为全面的牵引供电尤其是接触网状态检测的一些内容，从运营维修角度出发填补了接触网状态检测的一些空白，可以获取海量的检测监测数据。因此，有必要研究利用6C系统检测监测获得的数据，开展针对性强的接触网故障状态检测研究。为了更好地了解接触网状态检测的项目和未来研究的工作重点，以下简要介绍国内外接触网状态检测技术的发展现状。

国外关于接触网状态检测技术的理论研究不但起步早，而且技术成熟，已有大量的理论成果被应用于实践中，且取得了较好的成效。

作为接触网状态检测技术研究最早的国家，德国于1951年便开始对接触网检测开展各种实验。在德国，最为常见且最为实用的检测装置有两种：一种是动态接触压力检测系统。该系统在采集数据时，需要借助于专业的传感器，通常是将其安装在受电弓上，在此基础上，利用弓网动力学进行参数计算。另一种是光学检测系统。该系统主要通过CCD线阵列摄像机对各种数据进行采集，之后再通过数字图像处理方法计算出接触网高度与动态拉出值[14]。在测量接触线的定位点抬升时，德国采用的方法是将具有张力的绳子置于定位器上，利用滑轮装好后再将其连接到位移传感器上。之后利用绳子位移来衡量定位点抬升值，并利用GSM网络将位移数据传输给数据采集系统。继德国之后，日本通过长时间研发，最终研制出集接触网检测、信号检测、无线电检测于一体的检测车[15]。在对接触线的定位点抬升进行检测时，日本所采用的方式与德国类似，不同的是，日本不局限于接触线的振动特性及变形、受力状态，还包括接触下的应变，这些都是预测接触线抗弯曲寿命的重要因素[16]。

韩国研究设计了能够实时检测接触网状态的网络系统，主要实现对接触网不同运行指标的检测，主要的指标有定位点抬升、线路的动态变形率、接触线温度、接触线与承力索的电流分布等，之后将各个数据参数借助于有线网络进行传输，从而避免了外界因素的干扰[17-18]。然而网络检测系统的主要设备被集中安置在腕臂支撑上，显然这会促使安装点腕臂达到高负荷，久而久之，容易给腕臂运行带来不利影响。

当接触网发生断线故障或者遇到异物入侵时，相应区段应该停止行车，否则会引发严重弓网事故。为此，有必要对接触网进行实时监测。德国西门子公司经过长时间研发，最终设计出接触网实时监测装置，其工作原理就是利用棘轮补偿器的摇杆位移来实现对接触网异常情况的识别与检测。一般情况下，正常运行时的摇杆位移变化幅度不大，当接触网发生断线故障或者遇到异物侵入时，才会产生明显变化，监视装置可将此类故障信息及时传递给运营维护管理部门[19]。该系统在具体应用中并未大范围普及，其根本原因在于其中的部件如磁滞位移传感器成本过高。与德国检测系统类似，美国一家公司也就接触网断线故障及异物入侵等问题开发了一套完备的接触网安全监控系统，借助于该系统，能够通过检测接触线位移、环境温度等因素来判断是否出现了故障，当位移变化幅度较大时，基本可以判断出存在故障[20]。

国内对接触网检测的研究始于 20 世纪 60 年代。早在 1998 年 12 月，西南交通大学电气工程学院便成功地研制出了可以进行动态检测的 JJC-1 型接触网检测装置，该装置的最大优势体现在能够实现在时速高达 160 km 条件下对压力、动态拉出值等多个指标的检测[9]。2011 年，我国研发并正式投入使用了 CRH380B-002 高速综合检测列车，在保障检测精度的条件下，能够实现400 km/h的检测速度，其综合检测能力更是在国际上首屈一指[10]。在高速铁路运营初期，我国就专门针对京津城际进行了关于接触线振动的在线检测实验，在这一过程中，特别在指定位置上安装了高速摄像设备，以此来实现对接触线振动状态的实时监测。接触线振动情况，自动以图像形式被存于检测设备中。之后，我国对接触线振动的检测方式进行了部分改进，可以利用无线传输技术将监测数据实时上传到数据处理中心。

针对接触网的状态预测，国内不少学者做了大量研究。其中，具有代表性的一些研究有：乔立升等试图借助于摄像机，实现对接触网振动状态的有效监测。在监测实验过程中，专门对现场环境等客观条件进行了分析，并在此基础上，借助于不同的无线组网技术，制定了较为合理的接触网振动实验系统构建策略，并对具体实施方案做了可行性分析[11]。吴昌博等在对接触网进行监测研究方面，创造性地提出借助于磁致伸缩式张力传感器检测接触网断线事故，检测结果可以通过 GPRS 短信通信方式及时报警。在这里需要强调的是，在使用磁致伸缩式张力传感器时，要注意因超负荷工作而引起的测量不准等问题[12]。除了理论研究之外，广州锐翔电力科技有限公司还做了实践研究，并成功研发出专门针对铁路接触网断线事故的预警指示器，该产品如今已经在部分地区得到了应用[13]。

通过上述研究综述可以看出，国内外既有的接触网检测系统及手段，的确在很大程度上有助于接触网的状态检测与维修，但针对一些突发性问题，这些系统及手段难以发挥有效作用，同时限于多种因素制约，已有的接触网检测系统往往只是集中检测系统个别方面运行特征。对于我国高速铁路运输系统，由于列车运行密度大，间隔时间短，对于检测方案的及时性、准确性、全面性有更高要求，唯有如此才能有效开展有针对性的运营维护工作。因此有必要研究利用 6C 现有检测/监测数据开展接触网故障状态检测与预测方法的研究，通过对检测与监测数据进行科学分析，实现对接触网处于不同运行状态的评估，提高接触网系统及设备的检修针对性和技术水平。

3. 牵引供电状态维修技术

早在 20 世纪 80 年代，郑州铁路局供电段便开展了针对接触网状态检修的试点工作[21-23]，但限于当时检测水平有限、缺乏状态维修理论支持等原因，牵引供电状态维修技术进步不明显。随着中国高速电气化铁路路网规模不断扩大和承担客运运输量的不断提高，牵引供电对高速铁路安全可靠运营的重要性日益凸显。作为确保牵引供电系统顺利运行的关键环节，接触网设备的故障状态检测与状态维修优化已经成为研究的发展趋势，然而，如今关于高速铁路牵引供电系统的状态维修决策优化建模在国内外仍不多见，但一些国外高速铁路、国内既有线供电维修技术研究和交通运输及其他领域的维修决策模型研究非常丰富，可以参考借鉴。

有关牵引供电系统维修计划优化方面，较为系统的有文献［24-29］中介绍的关于牵引供电系统维修的相关研究，通过长时间努力，他们最终在随机寿命模型的基础上成功开发出了相应的实用软件工具，旨在对牵引供电系统在运行中所出现的风险及相关费用进行定量分析，并最终将其与运输服务水平进行合理匹配。另外，文献［25］在研究牵引供电系统的过程中，将重点放在接触网上，其中着重分析了接触网的维修策略和组织模式。文献［3-8］对牵引供电系统管理模式和维修技术进行了探讨，但均缺乏定量的维修模型可以作为决策依据。文献［26-27］对牵引供电维修计划优化进行了探讨，但仅限于预防维修的检修周期，缺乏对设备状态维修的研究。文献［28］对牵引供电系统设备健康状态管理进行了研究，但缺少定量维修决策模型作为维修分析的决策依据。文献［29］对中国高速铁路牵引供电运营管理模式进行了思考，提出了中国牵引供电维修的管理思路。

通过分析上述文献可知，在牵引供电系统状态维修管理决策模型方面仍存在研究的空白地带，以维修建模和优化技术的相关理论研究和其他行业应用成果为参考，结合国内高速铁路所具有的运行特点，可以构建出适用于我国高速铁路牵引供电设备管理的状态维修决策优化模型。

1.2.2 设备故障状态监测与状态维修优化建模方法

1. 设备故障状态监测方法

对于故障状态监测，常见的分析角度主要有定性分析和定量分析。显而易见，定量分析通过量化方法可以提供更为准确的状态评估和维修决策方案，因此是发展的主要趋势。如果采用定量分析，往往是以可靠性为核心，针对不同设备或者核心部件，借助于逻辑决断图来确定相应的维修方式。从总体上看，这种维修方法优势明显，不仅程式固定，而且操作过程较为明确。然而对于现代系统而言，在系统运行过程中所需要考虑的因素众多，解析模型研究耗费时间长、成本高，这些特征使得传统模型构建方法难以满足实际需求。因此对于系统故障检测方式来说，如何利用海量数据来确保系统的稳定性和可靠性就显得极为重要且必要。在数据挖掘、智能算法等新兴技术迅速发展的今天，越来越多的学者在研究系统故障状态监测过程中，逐渐将重点放在了基于数据驱动的故障状态监测方法研究上面。数据驱动方法之所以受到重视，其根本原因在于该方法不要求知道系统精确解析模型，只需要对系统设备在正常状态下与异常状态下的数据进行收集、分类及处理，即利用降维方式从高维数据中找出有用信息，或者借助于有标签数据样本训练分类器，就可以实现对系统故障的及时检测。从这一角度分析，基于数据驱动的故障状态监测方法的核心问题便是提取能够反映系统运行状态的特征。基于检测监测信息处理方式的不同，常见的基于数据驱动的故障状态监测方法包括以下几种：

1）现代信号处理方法

基于现代信号处理方法的故障状态监测方法，通常是借助于多种现代信号处理方法进行信息分析与处理的一种方法，具体来说，就是用特征向量表示信号，获取一切与故障有关的信号时域或频域特征，并将其应用于相应的故障状态监测方案。现阶段，常见的现代信号处理方法包括以下 3 种。

（1）时域和频域分析

一般情况下，系统故障都会引起输出信号的变化，这种变化体现在信号的时域特征、频域特征上，与之对应的信号统计特征参数也会产生变动。由于基于现代信号处理方法的故障状态监测方法需要获取一切与故障有关的信号时域或频域特征，那么如何提取时域、频域特征便是核心技术。一般情况下，可以利用波形分析、相关分析、统计参数分析法来提取时域特征，利用特征参数分析法来提取频域特征。针对不同的系统故障，所发出的信号频谱所呈现的特征也是各不相同的，这就意味着在对系统故障进行状态监测时，可以借助于信号频谱（包括功率谱、倒频谱等）辅助分析。在文献［30］中，介绍了鼠笼式感应电动机转子故障检测，其中就是通过分析功率谱来完成系统故障监测的，另外，在文献［31］中同样利用信号频谱进行系统故障状态分析，与前者不同的是，后者主要是将谱分析应用于旋转机械的早期故障特征提取。

（2）时频域分析

个别情况下，需要对平稳信号进行特征提取。此时，常用的方法是选择以傅里叶变换为核心的传统谱分析方法。实践中，一旦出现系统故障，那么输出信号便会随之发生变化，这种非平稳的信号测量主要是借助时频域分析法进行的。现阶段，最为常见的时频域分析法主要有小波变换、时频谱分析、Hibert-Huang 变换、经验模态分解等类型。其中，作为当前应用范围广泛的时频域分析方法，小波变换法能够反映信号的频率内容及变化规律。与此同时，分辨率并非恒定不变，当处于低频状态时，代表此时频率分辨率高、时间分辨率低；反之，当处于高频状态时，则代表频率分辨率低、时间分辨率高。

在系统故障状态监测过程中，借助于小波变换法，能够实现对信号的多尺度、多分辨率分析和提取，文献［32］对此进行了特别详细的说明。另外，针对信号的突然变化，也可以借助于小波变换法进行分析，主要通过模极大值进行突发性故障检测。在文献［33］中，主要针对突发性故障进行了状态分析，其中便是利用不同尺度小波变换模极大值来进行故障特征频率检测的。当系统内部信号位于低频状态时，此时频率分辨率高、时间分辨率低，且平稳性高；反之，当位于高频状态时，便会出现噪声，而小波变换能够实现去噪功能，具体内容可参考文献［34］，其中详细阐述了信号去噪的具体对策。随着现代技术的不断发展，在系统故障状态监测与特征提取方面，相继出现了小波变换与多种智能信息处理方法相结合的趋势。例如，在文献［35］中，在对输电线路进行故障识别定位时，创新性地将小波变换与模糊理论进行有机结合，以此达成目标。在文献［36］中，则是将小波变换与支持向量机进行了结合，从而实现故障检测。另外，为了有效节省检修成本，文献［37］提出了将小波变换和传统神经网络进行结合，以此来检测并识别变速箱振动信号故障。而在信号去噪方面，文献［38］介绍了经验模态分解理论，指出将任意信号细分为多个固有模态函数，使其反映不同信号的时频特性，并将提取经验模态分解后的平稳固有模态函数分量的能量指标作为故障特征参数，文献［39］将这一理论应用到具体实践，信号去噪的效果明显。在肯定经验模态分解理论的同时，还应当认识到其中存在模式混叠问题，这会影响到非平稳信号的分析效果。基于此种状况，Wu 和 Huang 对该理论做了改进，并改进了算法，即聚合经验模式分解[39]。

2）基于机器学习的故障状态监测方法

随着人工智能技术的广泛应用，人们研究出了一种新的系统故障状态监测方法，即基于机器学习的故障状态监测方法。具体来说，该方法需要找出一定数量的训练样本，从中获得适用于系统状态监测的数据参数，结合多个参数调整构建关于训练样本的拟合模型，最后将测试样本导入故障状态监测网络，进而完成系统故障的有效识别。

从类型上看，机器学习包括两种[41]：一种是有监督学习，通常包括线性判别分析、人工神经网络、支持向量机和马尔可夫模型等；另一种是无监督学习，通常有基于概率密度函数估计的直接方法和基于样本间相似性度量的间接聚类方法。与有监督学习相比，无监督学习的应用范围更加广泛。客观地看，基于机器学习的故障状态监测方法的优点在于确保故障识别的精准度，当前这一训练方法已经在不同场合取得了不错的效果。即便如此，依然不得不承认其中存在的弊端，由于机器学习算法需要采集大量样本数据，那么对于那些难以获取大量数据的复杂系统而言，该算法是不能适用的。换言之，那些较为复杂的系统不仅涉及因素多，不确定性大，而且还具有高维、强非线性等问题，这显然不利于精确数学模型的构建。基于机器学习的故障识别方法虽然不需要过程精确的解析模型，但由于其忽略了系统内部机理，所以在系统故障状态机理分析方面显得无力。

3）基于多元统计分析的故障状态监测方法

客观地看，基于多元统计分析的故障识别方法往往是结合过程中的不同变量之间的关联性而进行故障状态监测的一种方法。一般来说，选择基于多元统计分析的故障状态监测方法，首先要获取过程变量的相关历史参数，之后再借助于多元投影方法对多变量样本空间进行分解，得到投影子空间和残差子空间。紧接着，针对这两个子空间，分别对其进行统计量的构造，最终将观测向量分别向两个子空间进行投影，从而得出具体的统计量指标，以便实现故障状态监测。常用的多元统计分析方法包括主成分分析（principal component analysis，PCA）、核主成分分析（kernel principal component analysis，KPCA）及独立主成分分析（independent component analysis，ICA）等。具体实践中，在故障状态监测和特征提取时，如果选择多元统计分析方法，就意味着无须对系统内部结构进行深入分析，原因是系统运行状态特征提取往往基于系统运行过程中传感器采集到的数据进行。此种方法的优势在于算法简单、便于实现，缺点在于提取结果缺乏必要的物理意义，难以解释物理过程。

4）基于信息融合的故障状态监测方法

对于某些较为复杂的系统故障来说，常常会遇到不确定性因素，信息融合技术的出现恰恰为这一问题提供了解决办法，这实际上是由信息融合自身具备的多维信息处理方式决定的。不可否认，与单维信息相比，多维信息所涵盖的信息量要大得多。截至目前，常见的信息融合方法包括两种：其一是决策层融合方法，其二是特征层融合方法。实践中，基于信息融合的故障识别方法所涉及的信息较多，不仅包括多个传感器的互补信息，还包括冗余信息，如此一来，合理利用这些信息，提升故障状态监测的准确性则成为重要的研究内容。

以上简要综述当前比较常用和流行的基于数据驱动的故障状态监测方法，对于牵引供电系统这种涉及电力、机械、力学、材料等多个专业的复杂综合系统，很难通过精确的数学模型或仿真模型去描述系统运行的实际状态，数据驱动的故障状态监测方法是一个更好的选择，虽然要面对这种方法在系统物理结构和故障分析解释方面的劣势，但从运营管理角度看，重点是及时发现故障隐患和确定恰当的维修时机。因此，在对系统运行时海量监测数据分析的基础上，选择基于数据驱动的故障状态监测方法，将成为牵引供电故障状态监测发展的重要趋势。

2. 状态维修优化建模方法

一般情况下，常见的维修模型包括两种：一种是确定性模型，另一种是概率性模型[42]。由于系统故障的产生大多具有偶然性、随机性，所以与确定性模型相比，概率性模型的实用性更强一些。在实践中，基于状态的维修建模与优化方法是借助于传统可靠性理论进行模型构建的。换句话说，该方法主要针对研究对象的失效率和可靠性进行考察，之后根据故障维修成本等因素，确定出特定维修策略下的系统运行维护费用率、可用度等，进而获得优化后的维修决策措施，具体内容可以参考文献［42–45］。根据文献资料可知，基于状态维修建模与优化的故障状态监测方法的种类较多，其中最具代表性和实用性的方法包括以下两种。

1）基于概率统计理论的状态维修建模方法

在分析系统状态与寿命的关联性时，常用的方法是基于概率统计理论的状态维修建模方法，即围绕优化目标，结合实测数据估计模型内多个参数，实现对检修策略的优化。Jardine 等[46–48]构建了利用比例故障率模型，以此来说明系统状态、系统寿命及可靠性之间的关联，并在费用率基础上给出了检修策略的最优化方法，该方法在食品加工领域得到了广泛应用。另外，Wang[49]首先明确了系统优化目标，之后将系统设备的劣化过程做了划分，最后基于延时模型提出了一种状态维修建模方法，围绕系统优化目标，针对劣化过程的不同阶段制定了相应的维修优化政策。关于系统维修决策优化问题，Wang 等[50–55]学者着重对制铝企业的感应炉等设备做了大量研究，最后给出了基于数理统计的状态维修建模对策。Li[56]和 Pham[57]在研究状态维修建模时，主要将费用率最小或可靠性最高作为重要的优化目标，在此基础上制定了检修决策优化方法。Barbera 等[58–59]假定可靠性与系统状态为指数关系，对单设备和二设备系统进行状态维修决策优化研究。限于篇幅，关于系统状态维修建模的其他方法在这里不再赘述，有兴趣的可参见文献［60–63］。

2）基于随机过程理论的状态维修建模方法

基于随机过程理论的状态维修建模方法将系统劣化过程建模为随机过程 $\{x(t), t \geqslant 0\}$，在这里，$x(t)$ 对于任意时间 $t \geqslant 0$ 情况下都是随机变量。参考现有理论成果可以发现，不少学者将系统劣化过程视为马尔可夫过程，即满足马氏性

(无后效性) 的随机过程。基于随机过程理论的状态维修建模方法所依赖的理论基础有 Brownian Motinn 过程、Gamma 过程和 Poissonn 过程等，其中 Gamma 过程的应用最为广泛。根据 Park[64] 和 Grall 等[65-70] 的研究不难发现，Gamma 过程的实质是具有独立增量的状态连续的马尔可夫过程，广泛应用于包括磨损、腐蚀、裂纹增长等在内的表征随时间递增的渐进劣化。另外，Gamma 过程一般以系统运行费用率最小或可用度最大为目标，在此基础上，给出了最优的状态检查和系统维修策略，有关内容可参见文献 [42，71]。

理论上讲，状态空间 S 可列、时间参数 T_s 离散的马尔可夫过程就可被称为马尔可夫链。现如今，人们对于马尔可夫链理论不再陌生，而是将其应用于状态维修建模和优化决策中，且取得了不错的成果。必须强调的是，系统故障通常是偶然发生的，借助于必要的预防维修方式的确能够从很大程度上降低故障发生概率，即便如此，依然不能完全避免故障发生。从类型上看，马尔可夫链包括两种：其一是基于离散时间的马尔可夫链，就是在既定时间间隔内，借助于状态转移概率矩阵这一工具来表征系统状态由一个状态变为另一状态的概率；其二是基于连续时间的马尔可夫链，主要是利用转移率来表征系统从一个状态转移到另一个状态的期望时间[72]。所谓转移率，就是从一个状态转移到另一个状态的平均时间的倒数[73-75]。

上述内容集中阐述了系统故障的状态维修策略及建模方法。通过分析不难发现，系统维修建模及优化技术分别隶属于运筹学与工程学，作为交叉领域，系统维修建模的理论研究并不多，相信在未来会有快速的发展并得到广泛的应用。在企业管理中，系统维修优化管理被人们形象地比喻为“最后一个未攻克的堡垒”，随着传感技术的不断发展，不论是学术界还是工程界，都对此给予了很大的关注，未来关于维修决策建模技术的发展前景是极为乐观的[76-81]。

为了取得不同最优目标值下的维修决策变量，需要对所建维修模型进行计算。在这一过程中，主要采用的方法或者手段有解析手段或者计算机模拟方法等。优化计算结果就是决定状态维修方案的维修决策变量，一般的维修决策变量涉及的参数主要有系统状态检查时间、预防维修时间、预防维修状态阈值等。现阶段，比较典型的维修决策优化计算方法主要有各种智能优化算法、线性或非线性规划、多目标决策方法、马尔可夫决策的迭代寻优算法。不同的算法具有不同的优势，需要根据模型进行测试和对比，找到最合适的计算方法[82-85]。

1.3 本书研究目标与研究内容

本书研究的总体目标是推进牵引供电系统状态维修技术的发展和应用。以牵引变电、接触网和受电弓系统的关键设备和新型设备为研究对象，分析其结构特点和故障模式，在6C系统检测监测数据的基础上，利用Markov、实时可靠性等理论建立状态检测、状态预测和状态维修等模型，以费用率、可靠度等参数为优化目标，利用智能水滴（intelligent water drop，IWD）算法等优化算法计算求解获取系统和设备最佳检测和维修时机。研究结果可为状态维修方案和计划的制订提供参考。具体研究内容如下：

（1）研究实现牵引变电系统新型组合式同相供电装置的状态维修决策优化的方法。工频交流制牵引供电系统存在电分相，造成供电断点，是制约运输能力和速度提高的重要问题之一。牵引变电所实施同相供电后，可以省去变电所出口分相，有利于提高列车运行的技术速度，提高线路通过能力，效益十分显著。如何对新型同相供电系统进行合理的维修与维护，使电气化铁路同相供电装置的可靠性和经济性得到最佳发挥，是牵引变电系统发展所面临的必须解决的问题，这具有重要的理论和实际意义。

（2）研究实现接触网-受电弓系统及其关键构成设备和部件的故障状态监测模型和维修决策优化方法。在接触网系统状态维修实践中，建立系统和设备精确的解析模型是非常困难的，这也限制了接触网系统状态维修的发展，然而随着当前供电6C检测/监测系统的发展和应用，可以获取大量、及时的牵引供电系统运行状态数据，通过分析设备服役安全状态演变趋势下的检测监测数据变化特征和规律，建立数据驱动的关键设备状态检测与状态维修优化模型已经成为发展方向。

本书首先提出了利用接触网振动监测信息进行接触网补偿设备和以单个锚段接触网为机械单元的故障状态监测方法，接着提出了通过磨损机理分析的受电弓滑板设备状态评估、预测和维修决策优化方法，最后还提出了基于多维数据和实时可靠性的牵引供电设备故障状态维修决策方法。

本书对大量高速牵引供电设备安全监测数据进行分析处理，探寻多监测点数据与接触网机械故障状态的关系，利用当前普及范围较广的时频分析理论和先进的智能信号处理方法对海量故障检测数据进行深入分析，使其作为提取和分析故障特征的关键手段，从中挖掘出代表系统设备和部件故障状态及安全状态的重要特征，构建了高速铁路牵引供电设备安全运行状态监测数据的智能分析模型，为牵引变电、接触网、受电弓系统的关键设备和部件智能故障状态监测与状态维修方案制定提供了解决路径。

1.4 本书主要内容

本书主要内容安排如下。

第 1 章绪论。主要介绍了高速铁路牵引供电故障监测与状态维修决策优化模型的研究背景，阐述了高速铁路牵引供电维修技术研究的意义，接着综述了国内外牵引供电故障状态监测与状态维修的技术研究现状，以及设备故障状态监测和状态维修决策优化建模方法的研究现状，提出了本书的研究目标和对象。

第 2 章研究了电气化铁路组合式同相供电装置的结构及其状态维修决策建模和优化问题。首先介绍了新型组合式同相供电装置构建方案，接着分析了同相供电装置的可靠性，考虑同相供电装置的运行模式，构建了电气化铁路组合式同相供电装置的状态维修决策优化模型，从而为电气化铁路同相供电装置维修方案和计划的制订提供理论依据。为了减少装置使用周期内的修理花销，建议参照系统需要的修复时间、修复费用、状态转移概率等方面制定最适当的修理策略，这具有重要的理论和实际意义，可以使装置的运行可靠性和经济性得到最佳发挥。

第 3 章研究了高铁接触网棘轮补偿装置的机械故障状态监测问题。通过分析高铁接触网棘轮补偿装置振动信号的监测信息，对于接触网补偿装置的机械故障的特征选择与分类参数进行优化，利用特征与分类器参数的相互依存性，提出了基于智能水滴算法的 k-最近邻（k-nearest neighbor，KNN）参数和特征选择的机械故障检测模型。首先，用 KNN 作为机械故障分类器，通过候选特征子集和 KNN 参数组合，建立机械故障检测的数学模型；其次，在用智能水滴算法求解的同时，找出最优的特征子集和 KNN 参数；最后，采用具体实例验证模型的性能。该仿真结果验证了所提方法的有效性。

第 4 章研究了高铁单个锚段接触网故障状态监测问题。为了提高高铁接触网的故障分析效果，提出了基于有限变分小波的高速铁路牵引供电故障分析方法。首先给出了小波熵的指数定义，并提出了基于有限变分的小波分解改进形式，以提高小波信号的识别效果。选择高铁接触网的典型故障振动信号进行小波分解。之后，提取各子带小波熵特征，用以反映各维度振动信号的复杂程度。借助于支持向量机，实现了对小波分解信号的分类识别，并就其中所涉及的方法进行了有效性验证。

第 5 章研究了高铁受电弓滑板的磨损失效问题，介绍了高铁接触网–受电弓系统机械磨损过程及磨损故障的特点，提出了高铁受电弓滑板接触面材料考虑刚度系数情况下的接触面磨损动态计算流程，利用不考虑质量情况下的阻尼弹簧杆模型对高铁受电弓设备进行动力学分析，基于 Winkler 弹性计算模型对弓网接触问题进行离散化处理，然后基于超链接卷积神经网络对滑板磨损量进行了预测，在确定了最优磨损量后，以维修费用最低为目标求取了最佳维修时机。

第 6 章研究了基于实时可靠性的牵引供电设备状态维修决策问题。当前高铁故障诊断多基于离线诊断和事后分析，并未考虑高铁故障监测的实时性，这种监测方式不利于事故的预防性监测，无法与高铁供电维护任务匹配。对此，需建立考虑实时可靠性的高铁维护决策方案。首先，基于实时可靠性理论构建高铁故障评价模型，获得设备可靠性的降低量；然后，针对高铁故障的时间序列模型，通过 Gibbs 采样分布估计优化的回声状态网络对高铁可靠性降低趋势进行预测；最后，通过预测趋势对高速铁路牵引供电设备实时可靠性进行维修决策。

第 7 章是结论和展望。

全书内容架构如图 1–2 所示。

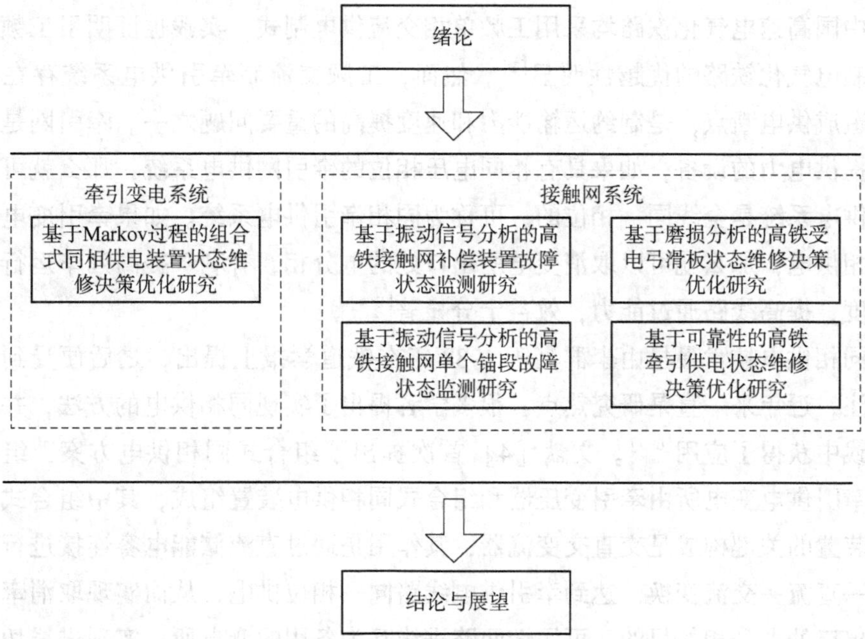

图 1–2　全书内容架构图

第2章

基于Markov过程的组合式同相供电装置状态维修决策优化研究

2.1 引言

中国高速电气化铁路均采用工频单相交流供电制式，实践也证明了工频单相交流制电气化铁路的优越性明显[1]。然而，工频交流制牵引供电系统存在电分相，造成供电断点，是制约运输能力和速度提高的重要问题之一。牵引网是为动车组提供电力的设备，如果具有相同电压相位的牵引网供电系统，那么就可以说这个供电系统是全线同一相位的，可称为同相牵引供电系统。如果牵引变电所采用同相供电，那么就可以取消变电所出口处的电分相，有利于提高列车运行的技术速度，提高线路通过能力，效益十分显著[2-4]。

同相供电技术最早由李群湛于1988年在铁道学报上提出，之后便受到了广泛关注，近年来一直是研究热点，很多学者提出了实现同相供电的方法，并在生产实践中获得了应用[6-7]。文献［4］首次提出了组合式同相供电方案，组合式同相牵引供电变电所由牵引变压器和组合式同相供电装置组成，其中组合式同相供电装置的关键构成是交直交变流器，其作用是通过直流储能电容连接进行单相交流—直流—交流变换，达到牵引供电线路同一相位供电，从而实现取消牵引变电所出口处电分相的目的，可用于两路进线互为备用的变电所，实现进线切换而共用一套同相供电装置，方案技术先进、可靠，易于实施，可大大提高系统的经济性。理论和实践均表明，采用同相供电技术，不仅取消牵引变电所出口处电分相，消除供电瓶颈，增加供电能力，增强节能效果，而且还能有效治理负序电流，达到以三相电压不平衡度国标限值为主的电能质量要求，有利于促进电力与铁路的共同与和谐发展[86]。

在同相供电装置投入运营后，其占牵引供电系统投资费用比重较大，维修方案的制定将是同相供电装置运行面临的首要问题，因而必须对同相供电装置运营维护成本进行考虑[24,28,87-90]。本章研究了电气化铁路组合式同相供电装置的结构及其状态维修决策建模和优化问题，使电气化铁路同相供电装置的可靠性和经济性得到最佳发挥。本章首先分析了新型组合式同相供电装置构建方案，接着分析了同相供电装置的可靠性，并根据装置运行特点建立了状态维修决策优化模型，为电气化铁路同相供电装置维修方案和计划的制订提供理论依据。

2.2　组合式同相供电方案的结构与特点

2.2.1　传统同相供电方案

同相供电系统是指为电力机车或动车组提供电能的各供电区间具有相同电压相位的牵引供电系统，即全线为同一相位单相供电系统。同相供电概念自发表以来，经过多年的系统研究，形成了同相供电系统理论体系和配套技术方案，为解决长期困扰电气化铁路的电分相和电能质量两大难题奠定了基础。同相供电系统的技术实现方案主要经历了 3 个阶段，分别是基于无源对称补偿的同相供电方案、基于有源对称补偿的同相供电方案和当前的基于组合式同相供电装置的同相供电方案。

基于无源对称补偿的同相供电方案指的是借助于无源的容性设备或感性设备，实现对牵引负荷产生的负序和无功的综合补偿，是最早的同相供电技术实现方案。一般情况下，无源补偿装置需要根据牵引变压器接线方式进行设置。与有源设备相比，同等容量条件下的无源设备体积较大。随着电力电子技术的发展和电力电子设备制造水平的提高，基于有源对称补偿的同相供电技术方案在对称补偿理论基础上应运而生。有源补偿的同相供电方案，采用有功补偿模式，即使用同相补偿装置与变电所的各种接线变压器相配合补偿产生的负序和无功。基于有源对称补偿的同相供电方案工程运用典型案例为2010年在成昆铁路建成并成功投入试运行的眉山牵引变电所，试运行过程中，很大程度减少了牵引变电所的跳闸次数，综合解决了电气化铁路过分相和无功、负序、谐波等电能质量问题。系统工作期间性能稳定、运行可靠性高，这标志着同相供电的推广应用形成了成套技术装备，被誉为电气化铁路领域具有革命性的创新成功。该项目也是科技部在国家科技支撑计划重点项目“电力电子关键器件及重大装备研制”中立项批准的“电气化铁路同相供电装置”课题，由西南交通大学主持。

对比既有异相牵引供电和电能质量治理方案，国内所形成的同相供电系统技术方案拥有巨大优势，集中体现在以下几个方面。第一，通过同相供电装置，能够有效地取消变电所处电分相，这就意味着至少能够将全线的电分相个数降低一半。很显然，使用同相供电装置不仅有助于降低高速铁路速度损失，而且还有助于防止重载铁路大坡道停车等铁路运输事故发生。第二，针对已有线路，如果对其进行同相供电改造，那么就能从很大程度上增强牵引变电所的供电能力；除了已有线路之外，新建线路也可以选择同相供电装置，从而在节省电力运行成本的同时，有效降低牵引变压器安装容量。第三，借助于同相供电装置，能够真正实现有功传递，使牵引负荷引起的负序满足国标要求，同时可实现无功、谐波的综合治理（牵引和再生工况均可）。第四，通过同相供电装置的应用，能够降低电力运行成本，并强化牵引供电系统的节能效果。综上所述，同相供电技术的应用不只是体现在解决电分相和电能质量问题方面，在增强供电能力、确保系统可靠性等方面也具有积极作用。

2.2.2 组合式同相供电方案

随着高速和重载铁路的发展和电力电子技术的进步，综合考虑牵引供电系统的建设成本、系统设备运行环境标准要求及牵引变压器接线形式等方面要素，文献［4］首次提出了组合式同相供电方法，并细化为两种具体的组合式同相供电方案：即单三相组合式同相供电方案和单相组合式同相供电方案，如图2-1和图2-2所示[15]。组合式同相供电方案在提升供电能力、治理负序电流、消除供电瓶颈、增强节能效果等方面有更为显著的成效和价值，可以更进一步推进电力行业与铁路运输行业的和谐发展。

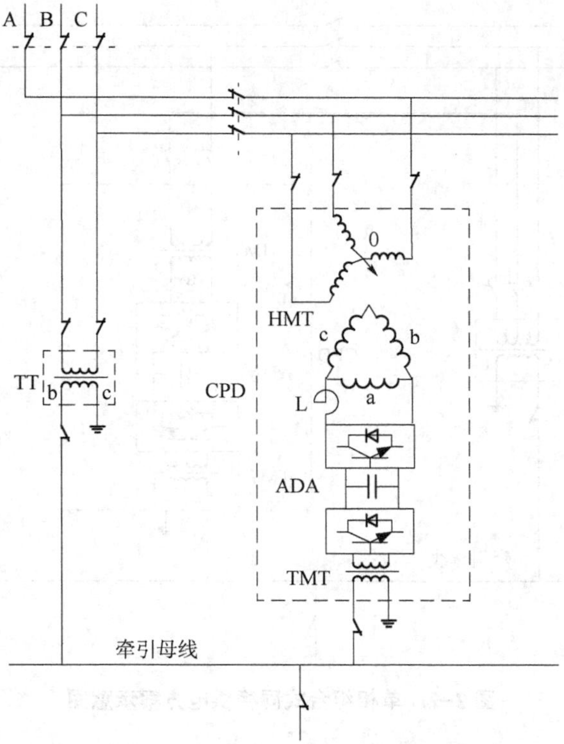

图 2-1　单三相组合式同相供电方案示意图

总体来说，组合式同相供电牵引变电所的主要配置包括两部分：其一是牵引变压器 TT，通常选择使用单相接线；其二是组合式同相补偿装置 CPD，由高压匹配变压器 HMT、交直交变流器 ADA、牵引匹配变压器 TMT 及交流电抗器 L 等组成。对比单三相组合式同相供电方案与单相组合式同相供电方案，它们的不同点在于，前者的平衡接线包括高压匹配变压器与单相牵引变压器，后者的平衡接线则是由单相高压匹配变压器与牵引变压器构成的；相同点在于连接交直交变流器的端口与牵引变压器牵引端口的电压相位差为 90°。

交直交变流器输出端连接牵引匹配变压器原边，产生与牵引变压器相同相位和频率的电压；牵引变压器次边绕组和牵引匹配变压器次边绕组的电压幅值和相位相同且均与牵引母线相连。同传统牵引供电方案相比，由于组合式同相供电方案无须使用一级匹配变压器，所以有效降低了总成本，同时有助于提升系统效率。组合式同相供电技术实现了国标规定的负序功率允许值、同相补偿装置与单相牵引变压器的最佳组合，性价比成倍提高，并且在同相补偿装置故障修复期

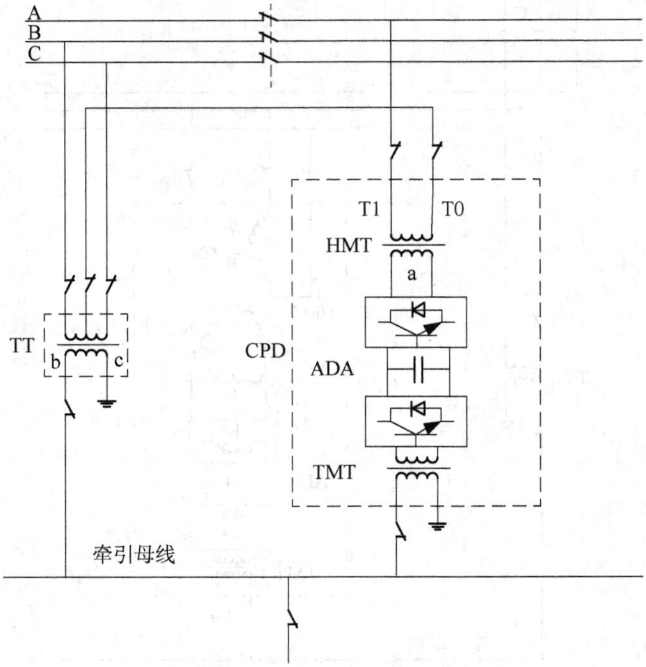

图 2-2 单相组合式同相供电方案示意图

间，可以利用单相牵引变压器的短期过载能力而使系统继续正常工作。在应用实践中，组合式同相供电方案已经被应用于山西中南部铁路通道重载实验段，并在朔黄铁路、神朔铁路、温州市市域铁路 S1 线等线路上推进。

从总体上分析，单三相组合式、单相组合式同相供电方案的优势集中体现在以下几点。第一，最大程度减小同相补偿装置中交直交变流器的容量，有效减少同相供电装置的一次性投资。第二，同相补偿装置与牵引变压的高效结合，为牵引变电所同相方案增加了较大的灵活性。第三，借助于交直交变流环节、采用模块级、单元级等多种方式，能够帮助系统在可靠性和经济性之间寻求最佳平衡点。第四，在不断节省投资成本的同时，最大限度地发挥了牵引变电所设备的利用率。第五，同相补偿装置的高压匹配变压器 HMT 采用了 220 kV/10 kV（6 kV）的电压变换，10 kV（6 kV）直接输入交直交变流器。相比眉山方案 110 kV（或 220 kV）/27. 5 kV 和 27. 5 kV/1. 5 kV 的变换过程，减少了一级降压，提高了运行效率，降低了装置成本。第六，能够同时适用于基于直接供电方式或基于 AT 供电方式的牵引网和牵引变电所。

2.3　组合式同相供电装置

组合式同相供电装置的关键元件是交直交变流器，由于交直交变流器采用的大功率电力电子半导体器件（如集成门极换向晶闸管 IGCT 或绝缘栅双极性晶体管 IGBT）是通过直流储能电容连接的单相交流—直流—交流变换装置，技术难度大，制造成本高，寻求交直交变流器可靠性和经济性的最佳结合点就是同相牵引供电技术工程化运用的核心问题之一。组合式同相供电方案借助同相供电单元中交直交变流器模块的冗余性，在交直交变流器模块发生故障而该同相供电单元尚未发生故障时便投入备用的同相供电单元，使工作单元与备用单元平滑过渡，实现同相供电单元的状态修，避免故障扩大化，增强了系统的可靠性。

2.3.1　装置构成

同相供电装置有 4 个组成部分，包括：进线 S_1、$n+m(n\geqslant m)$ 组并联的同相供电单元 CE_k、出线 S_2 及测控单元 CU。同相供电单元 CE_k 又由交直交变流器 ADA_k、匹配变压器 MT_k 及配电开关 F_k、f_k 共 4 部分串联而成，如图 2-3 所示。交直交变流器 ADA_k 由额定模块和冗余模块并联构成。

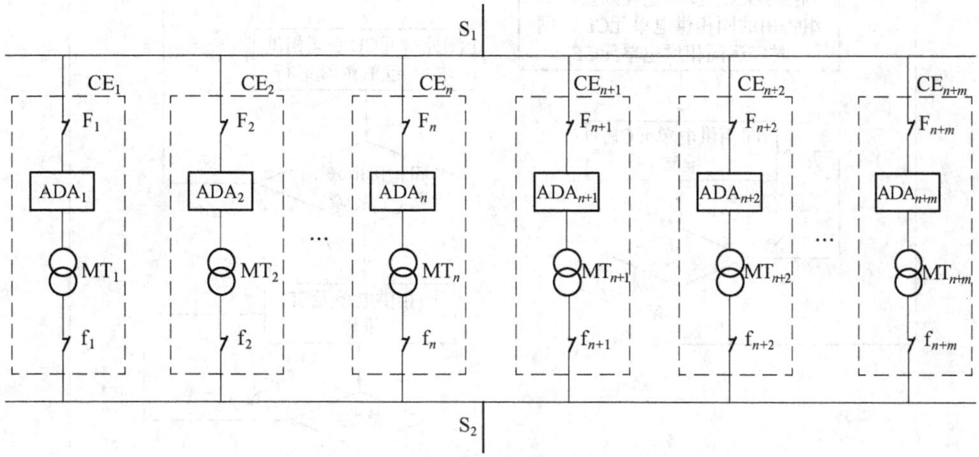

图 2-3　同相供电装置构造示意图

2.3.2 工作模式

组合式同相供电装置运行过程中，当某一同相供电单元出现故障时，存在两种情况，情况 1 是有备用单元，情况 2 是没有备用单元，当有备用单元时，投入备用单元；当没有备用单元时，利用单元的冗余模块继续运行。两种运行方式的具体情况如图 2-4 所示。

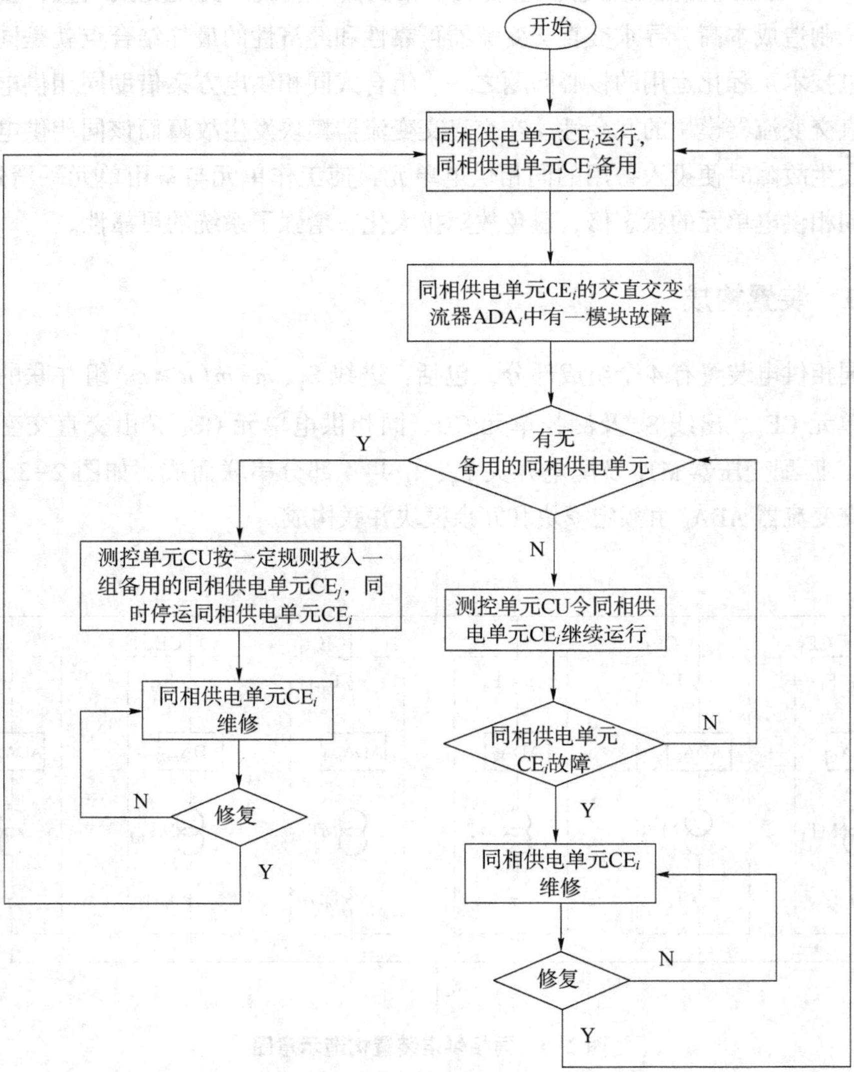

图 2-4 工作模式流程示意图

情况 1：该同相供电单元 CE_i 运行中有同相供电单元 CE_j 修复而转入备用，则测控单元 CU 令同相供电单元 CE_j 投入运行，同时令同相供电单元 CE_i 停运维修并在修复后转入备用。$i=1$，2，…，n；$j=1$，2，…，m。

情况 2：该同相供电单元 CE_i 运行中故障，则测控单元 CU 令其停运维修并在修复后转入备用。$i=1$，2，…，n；$j=1$，2，…，m。

（1）系统中的 n 组同相供电单元工作，m 组同相供电单元备用，备用单元不工作，$m\leqslant n$；同相供电单元的工作数 n 由牵引变电所所需的同相补偿容量和每组同相供电单元的额定容量确定；同相供电单元的备用数 m 取满足可靠性要求的最小值，如 1 或 2。

（2）同相供电单元 CE_k 中的交直交变流器 ADA_k 由额定模块和冗余模块构成，额定模块和冗余模块一起工作，其中的额定模块数由选用的大功率电力电子半导体器件的额定电压、额定电流和同相供电单元的内部结构及外部额定电压、额定电流的要求而定，冗余模块数应取满足可靠性要求的最小值，如 1 或 2。

（3）测控单元 CU 按一定规则投入一组备用的同相供电单元 CE_j，此处的一定规则是指当同相供电单元的备用数 $m\geqslant 2$ 时，安排其中各供电单元投入与停运次序的规则，一般采用“先出先入”的备用原则，即先停运维修并修复的供电单元先投入运行。

（4）测控单元 CU 实时检测交直交变流器模块 ADA_k 和同相供电单元，反映其工作、备用、故障、维修等状态并对其进行实时控制。

（5）测控单元 CU 连接配电开关 F_k、f_k 的控制端、交直交变流器 ADA_k 的测控端，还连接上一级控制系统，$k=1$，2，…，$n+m$。

（6）正常情况下同相供电单元的配电开关都处于接通状态，同相供电单元维修时测控单元将其配电开关断开，修复后再接通，使该同相供电单元转入备用。

2.3.3　故障模式

（1）组成同相供电单元的交直交变流器 ADA_k、匹配变压器 MT_k 及配电开关 F_k、f_k 任一元件故障即造成该同相供电单元故障。

（2）交直交变流器 ADA_k 由额定模块和冗余模块构成，其额定模块和冗余模块一起工作，每个模块的出力率为 $p/(p+q)$，当其中的故障模块数超过冗余模块数而不能使该交直交变流器在额定工况下工作时，便认定该交直交变流器 ADA_k 故障，亦即该同相供电单元故障。

2.4 组合式同相供电装置可靠性分析

2.4.1 符号定义

n：同相供电正常工作单元个数；

m：同相供电单元备用个数；

i：第 i 个同相供电正常工作单元，$i=1, 2, \cdots, n$；

j：第 j 个同相供电备用单元，$j=1, 2, \cdots, m$；

k：第 k 个同相供电单元，$k=1, 2, \cdots, n+m$；

p：交直交变流器 ADA_k 额定模块个数；

q：交直交变流器 ADA_k 冗余模块个数；

h：交直交变流器 ADA_k 的第 h 个组成模块，$h=1, 2, \cdots, p+q$；

λ_1：交直交变流器 ADA_k 额定模块和冗余模块的故障率；

λ_2：同相供电单元匹配变压器 MT_k 的故障率；

λ_3：同相供电单元开关 F_k 和 f_k 的故障率；

$R_1(t)$：交直交变流器 ADA_k 额定模块和冗余模块的可靠度；

$R_2(t)$：同相供电单元匹配变压器 MT_k 的可靠度；

$R_3(t)$：同相供电单元开关 F_k 和 f_k 的可靠度；

$R_4(t)$：交直交变流器 ADA_k 的可靠度；

$R_5(t)$：同相供电单元 CE_k 的可靠度；

$R(t)$：同相供电装置的可靠度；

T：系统维修平均故障间隔时间（mean time between failures，MTBF）。

2.4.2 假设条件

（1）测控单元 CU、同相供电单元和交直交变流器并联冗余备用的表决器、进线 S_1 和出线 S_2 的可靠度均为 1。

（2）变压器 MT_k、配电开关 F_k、配电开关 f_k、交直交变流器 ADA_k 的额定模块 E_k 和冗余模块 R_k 等机电设备的寿命均服从指数分布。

（3）交直交变流器 ADA_k 的额定模块和冗余模块的分布参数相同。

2.4.3　可靠性建模

根据上述系统构成描述，可将系统划分为 3 个层次，第 1 层为同相供电装置，第 2 层为同相供电单元，第 3 层为交直交变流器的组成模块，如图 2-5 至图 2-7 所示。

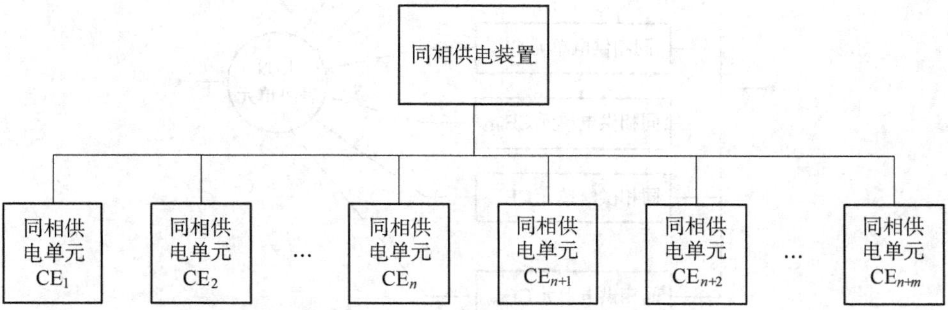

图 2-5　第 1 层同相供电装置结构图

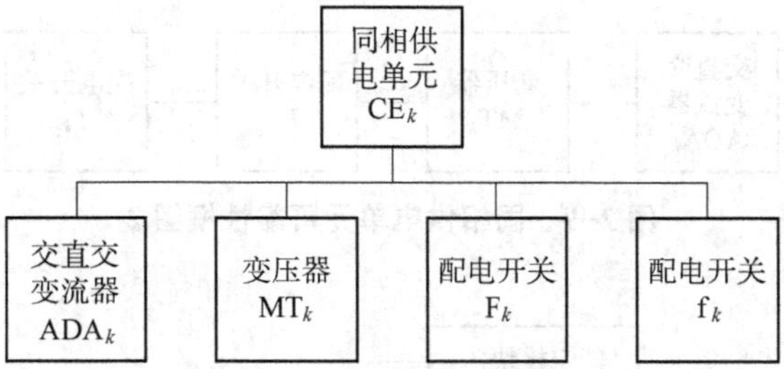

图 2-6　第 2 层同相供电单元结构图

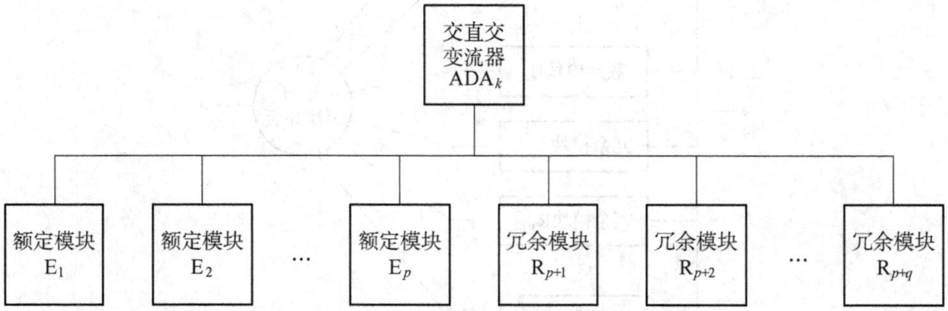

图 2-7　第 3 层交直交变流器结构图

分析系统结构图 2-5 至图 2-7，得到 3 个层次的可靠性框图，如图 2-8 至图 2-10 所示。

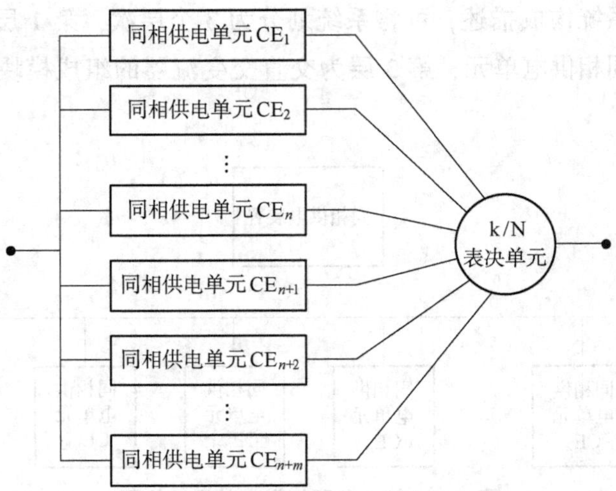

图 2-8　同相供电装置可靠性框图 1

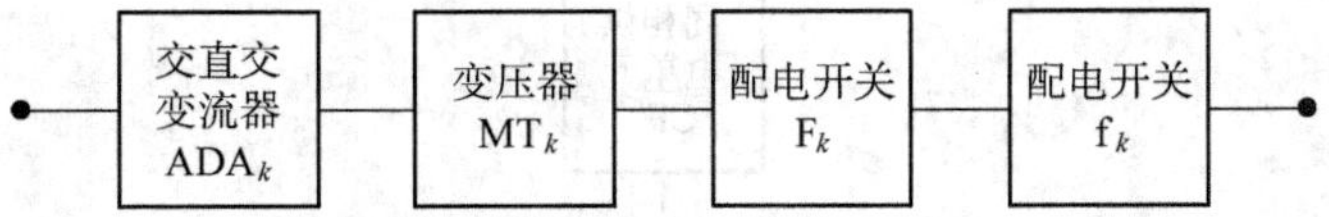

图 2-9　同相供电单元可靠性框图 2

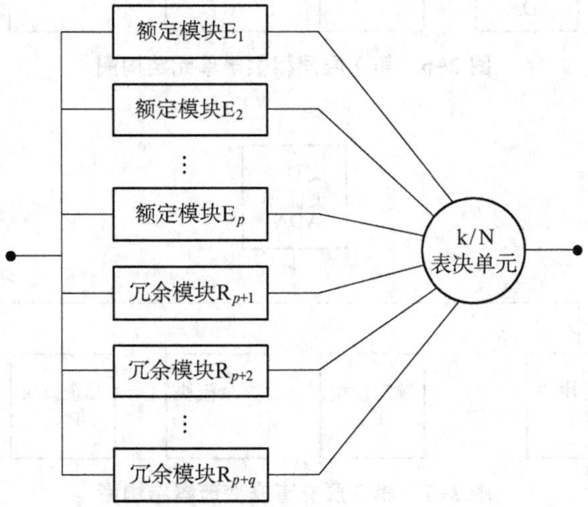

图 2-10　交直交变流器可靠性框图

同相供电装置是由同相供电单元 CE_k 构成的 k/N 表决并联冗余系统，同相供电单元 CE_k 是由交直交变流器 ADA_k、变压器 MT_k、配电开关 F_k 和 f_k 等构成的串联系统，交直交变流器 ADA_k 是由额定模块和冗余模块构成的 k/N 表决并联冗余系统。

则有

$$R_4(t)=\sum_{h=p}^{p+q} C_{p+q}^h R_1^h(t)(1-R_1(t))^{p+q-h} \tag{2-1}$$

其中，$R_1(t)=e^{-\lambda_1 t}$。

$$R_5(t)=R_4(t)\cdot R_2(t)\cdot 2R_3(t) \tag{2-2}$$

其中，$R_2(t)=e^{-\lambda_2 t}$，$R_3=e^{-\lambda_3 t}$。

$$R(t)=\sum_{k=n}^{n+m} C_{n+m}^k R_5^k(t)(1-R_5(t))^{n+m-k} \tag{2-3}$$

将式（2-1）、式（2-2）代入式（2-3），可得

$$R(t)=\sum_{k=n}^{n+m} C_{n+m}^k\left\{\left[\sum_{h=p}^{p+q} C_{p+q}^h\ (e^{-\lambda_1 t})^h(1-e^{-\lambda_1 t})^{p+q-h}\right]\cdot e^{-\lambda_2 t}\cdot 2e^{-\lambda_3 t}\right\}^i\times$$
$$\left(1-\left\{\left[\sum_{h=p}^{p+q} C_{p+q}^h\ (e^{-\lambda_1 t})^h\ (1-e^{-\lambda_1 t})^{p+q-h}\right]\cdot e^{-\lambda_2 t}\cdot 2e^{-\lambda_3 t}\right)\right\}^{n+m-k} \tag{2-4}$$

系统维修平均故障间隔时间 T 与可靠度关系：

$$T=\int_0^\infty R(t)\,dt \tag{2-5}$$

将式（2-4）代入式（2-5），可得

$$T=\int_0^\infty\left[\sum_{k=n}^{n+m} C_{n+m}^k\left\{\left[\sum_{h=p}^{p+q} C_{p+q}^h\ (e^{-\lambda_1 t})^h(1-e^{-\lambda_1 t})^{p+q-h}\right]\cdot e^{-\lambda_2 t}\cdot 2e^{-\lambda_3 t}\right\}^i\times\right.$$
$$\left.\left\{1-\left[\sum_{h=p}^{p+q} C_{p+q}^h\ (e^{-\lambda_1 t})^h(1-e^{-\lambda_1 t})^{p+q-h}\right]\cdot e^{-\lambda_2 t}\cdot 2e^{-\lambda_3 t}\right\}^{n+m-k}\right]dt \tag{2-6}$$

采用定期维修策略，以可靠度最大作为维修决策目标（故障发生概率基本为零），则有

$$T=\int_0^\infty\left[\sum_{k=n}^{n+m} C_{n+m}^k\left\{\left[\sum_{h=p}^{p+q} C_{p+q}^h(e^{-\lambda_1 t})^h(1-e^{-\lambda_1 t})^{p+q-h}\right]\cdot e^{-\lambda_2 t}\cdot 2e^{-\lambda_3 t}\right\}^i\times\right.$$
$$\left.\left(1-\left\{\left[\sum_{h=p}^{p+q} C_{p+q}^h(e^{-\lambda_1 t})^h(1-e^{-\lambda_1 t})^{p+q-h}\right]\cdot e^{-\lambda_2 t}\cdot 2e^{-\lambda_3 t}\right\}\right)^{n+m-k}\right]dt \tag{2-7}$$

即每隔周期 T 对同相供电装置整机进行检查，若发现同相供电装置任何组成单元 CE_k 或交直交变流器 ADA_k 的额定和冗余模块出现故障，立即进行更换。

2.4.4 算例分析

设同相供电装置安装于某牵引变电所，设 $n=6$，备用 1 个同相供电单元即 $m=1$，每个交直交变流器额定模块数为 2，冗余模块数为 1，则同相供电装置系统如图 2-11 所示。取交直交变流器 ADA_k 额定模块、同相供电单元匹配变压器 MT_k、同相供电单元开关 F_k 和 f_k 均服从参数 $\lambda_1=1$ 的指数分布，时间单位为年。

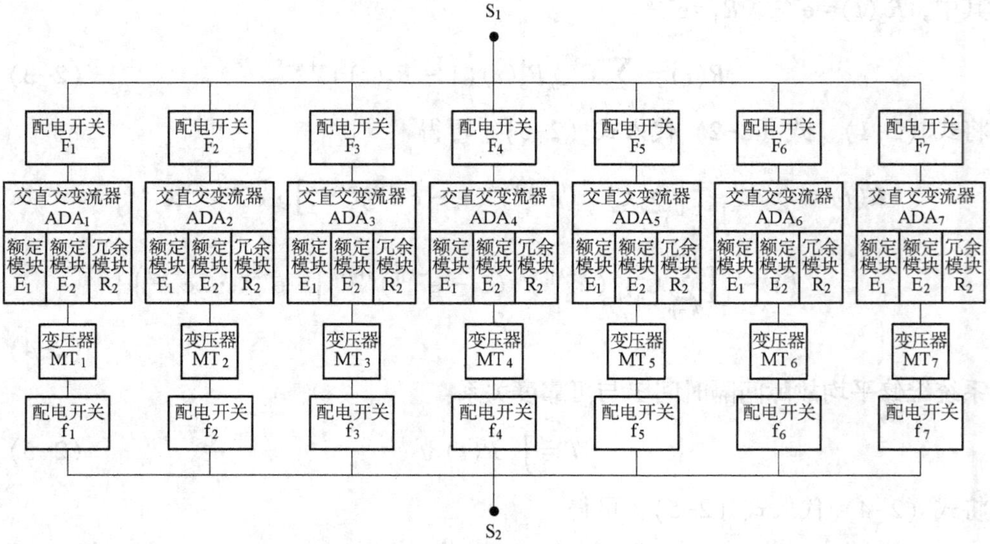

图 2-11 同相供电装置系统示例图

将以上数据代入式（2-4），得

$$R(t)=64e^{-35t}(2-3e^{t})^{6}(7e^{5t}-36e^{t}+24)$$

代入式（2-5）得 $T\approx377$（d）。

采用冗余设计的优势在于可获得很高的可靠性。以上维修模型未考虑装置的故障状态模式、维修程度、维修费用、维修时间等因素，制定了理想的维修策略，其经济性较差。考虑后续设计测控单元 CU 可以加入报警功能，不进行定期检查也可在第一时间获知装置故障情况，因此可以结合实际对维修决策模型进行优化。

2.5　考虑故障状态的组合式同相供电装置维修决策优化模型

2.5.1　故障状态

由 2.3.2 节和 2.3.3 节可知，同相供电装置由 k/n 表决系统、并联系统等三级结构组成，装置系统在其寿命周期内呈劣化态势，系统复杂程度高，保障难度大。同相供电装置的停运故障是由同相供电单元 CE_k 的交直交变流器 ADA_k、匹配变压器 MT_k、配电开关 F_k 和 f_k 等不同类型失效组合造成的，而交直交变流器 ADA_k 故障又是由其组成模块不同失效组合造成的。因此，认为同相供电装置存在数种中间故障状态，也存在多种工作状态，此外，还存在一种状态称之为最终故障状态。参照图 2-12 可以了解系统周期内运行的状况。

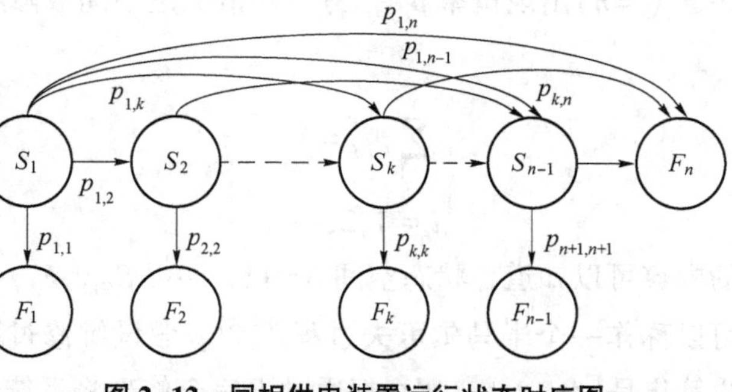

图 2-12　同相供电装置运行状态时序图

工作状态指的是系统某一组成部分出现故障，但通过冗余，转入新的工作状态，如：交直交变流器 ADA_k 中模块出现故障，通过冗余可以继续保持工作状态，并不影响系统的运行。中间故障状态指的是同相供电单元某一组成部分出现故障，需要通过备用同相供电单元将故障部分替换，虽然系统可以继续运行，但会将故障同相供电单元转入待修状态，如：某一交直交变流器 ADA_k 匹配变压器 MT_k 或配电开关 F_k 和 f_k 失效，则系统会启动备用同相供电单元，将故障同相供电单元转入待修状态。对于拥有 n 个同相供电单元和 m 个备用单元的同相供电装置，劣化系统有 S_1，…，S_{n+1} 个工作状态和 F_1，…，F_m 个中间故障状态，S_1 表示系统初始状态，F_{m+1} 为最终故障状态。分析装置整体运行情况，工作状态和故障状态如下：

S_1：表示全部供电单元正常工作；

S_2：表示 1 个供电单元交直交变流器 ADA_k 存在故障模块，通过冗余继续运行；

S_N：表示全部（N个）供电单元中交直交变流器 ADA_k 均存在故障模块，通过冗余均保持运行；

F_1：表示有 1 个备用的同相供电单元故障待修；

F_2：表示有 2 个备用的同相供电单元故障待修；

F_{m-1}：表示 m 个备用的同相供电单元均处于故障待修状态；

F_m：表示同相供电装置停运待修。

2.5.2 维修决策优化模型

如果 λ_i 表示系统在 S_i 状态下的平均工作时间，一种情况是工作状态$S_j(i\neq j)$或最终故障状态 $F_N(j=n)$ 出现概率 $p_{i,j}$，另一种情况是中间故障状态 F_i 出现概率 $p_{i,i}$，其中：

$$\begin{cases}\sum_{j=1}^{N} p_{i,j} = 1 \\ i = 1,2,\cdots,n\end{cases} \tag{2-8}$$

观察上面的内容可以知道，状态空间 $S=\{S_1, \cdots, S_{N+1}, F_1, \cdots, F_M\}$，而且系统的劣化过程可以称作一个半马尔可夫过程[91-93]。假设维修过程中的备选修理方法有两种，决策集是$\{A_f, A_r\}$，那么把通过不完全修理将系统恢复至故障前状态的决策称为 A_f，也就是说，把系统从故障状态 F_i维修成状态 S_i，μ_i表示平均修复时间，f_i表示修复费用，且 $i<N+1$。此外用固定时间 τ 表示更换设备耗费的时间，用 c 表示固定费用，那么 A_r 表示系统处于 F_i状态下的可用修复决策。那么可得

$$A_i=\begin{cases}A_f \text{ 或 } A_r, & i<N \\ A_r, & i=N\end{cases} \tag{2-9}$$

设系统处于故障状态 F_1，…，F_M下对应的维修策略为 $A=\{A_1, A_2, \cdots, A_N\}$。令 $T_A(S_i)$表示系统第一次进入工作状态到下次完成系统更新的平均时间，$T_A(F_k)$表示系统从故障状态到下次完成系统更新的平均时间。此外，$C_A(S_i)$表示前者的修复费用，$C_A(F_k)$表示后者的修复费用。那么可以得出下列递归方程：

(1) 当 $A_i = A_f (1 \leqslant i \leqslant N)$ 时:

$$
\begin{cases}
T_A(S_i) = \lambda_k + p_{ii} T_A(F_i) + \sum_{j=k+1}^{N-1} p_{ij} V_A(S_j) + p_{iN} T_A(F_N) \\
T_A(F_i) = \mu_i + T_A(S_i) \\
C_A(S_i) = p_{ii} C_A(F_i) + \sum_{j=k+1}^{N-1} p_{ij} C_A(S_i) + p_{iN} C_A(F_n) \\
C_A(F_i) = f_i \mu_i + C_A(S_i)
\end{cases}
\tag{2-10}
$$

(2) 当 $A_i = A_r (1 \leqslant i \leqslant N)$ 时:

$$
\begin{cases}
T_A(S_i) = \lambda_i + p_{ii} T_A(F_i) + \sum_{j=k+1}^{N-1} p_{ij} V_A(S_j) + p_{iN} T_A(F_N) \\
T_A(F_i) = \tau + T_A(S_i) \\
C_A(S_i) = p_{ii} C_A(F_i) + \sum_{j=k+1}^{N-1} p_{ij} C_A(S_i) + p_{iN} C_A(F_n) \\
C_A(F_i) = c + C_A(S_i)
\end{cases}
\tag{2-11}
$$

边界条件为

$$
\begin{cases}
T_A(F_N) = \tau \\
C_A(F_N) = c
\end{cases}
\tag{2-12}
$$

则最优决策形如 $A^* = \{A_1^*, A_2^*, \cdots, A_r\}$,使装置长期运行费用率最低为 g^*,则有

$$
\inf_A \frac{C_A(S_i)}{T_A(S_i)} = \inf_A \frac{C_A(F_i)}{T_A(F_i)} = \inf_A \frac{C_A^*(F_i)}{T_A^*(F_i)} = g^* \tag{2-13}
$$

由式(2-10)~式(2-13),根据半马尔可夫决策过程的策略算法,可以写出下列步骤。

(1) 使 $A^{(0)}$ 为初始策略,其中 $A_N^{(0)} = A_r$。

(2) 初始状态任选一个状态 $F_s (1 \leqslant s \leqslant N)$,令 $V_A(F_s) = 0$。

当 $A_k^{(0)} = A_f$,$1 \leqslant k \leqslant N-1$ 时:

$$
\begin{cases}
V_A(S_k) = \lambda_k + p_{kk} V_A(F_k) + \sum_{j=k+1}^{N-1} p_{kj} V_A(S_j) + p_{kN} V_A(F_N) \\
V_A(F_k) = (\mu_k - g) f_k + V_A(S_k)
\end{cases}
\tag{2-14}
$$

当 $A_k^{(0)} = A_r$ 时:

$$\begin{cases} V_A(S_k) = \lambda_k + p_{kk}V_A(F_k) + \sum\limits_{j=k+1}^{N-1} p_{kj}V_A(S_j) + p_{kN}V_A(F_N) \\ V_A(F_k) = c - gc/\tau + V_A(S_1) \end{cases} \tag{2-15}$$

解式（2-14）、式（2-15）得唯一解 $\{g\ (A),\ V_A(F_k),\ k=1,\ 2,\ \cdots,\ N\}$

（3）利用上述结果在每个故障状态下命令 $\{V_F\}$ 为 $F_k(1 \leqslant k \leqslant N-1)$ 状态下的修复对策。如果运用不一样的修复策略，可以得出所有 $V_A(F_k)$，采用其中最下乘的修复策略 $A_k^{(1)}=A$，可以获得新的修复策略 $A^{(1)}$。

（4）一旦 $A^{(1)}=A^{(0)}$，算法结束，否则把 $A^{(0)}$ 用 $A^{(1)}$ 代替，然后回到步骤（2）开始计算。

2.5.3　算例分析

取 $n=6$，$m=5$，$p=2$，$q=1$，则同相供电装置劣化过程有 7 个不同的工作状态 $S_1, S_2, \cdots, S_7$，6 种故障状态 $F_1, F_2, F_3, F_4, F_5, F_6$，其中前 5 种故障状态可修，第 6 种故障状态发生时则同相供电装置停运。不同状态之间的状态转移矩阵如下：

$$\begin{bmatrix}
0 & 0.47 & 0.42 & 0.37 & 0.29 & 0.18 & 0.08 & 0.03 & 0 & 0 & 0 & 0 & 0.01 \\
0 & 0 & 0.46 & 0.41 & 0.35 & 0.2 & 0.16 & 0 & 0.1 & 0 & 0 & 0 & 0.05 \\
0 & 0 & 0 & 0.5 & 0.44 & 0.32 & 0.24 & 0 & 0 & 0.24 & 0 & 0 & 0.13 \\
0 & 0 & 0 & 0 & 0.52 & 0.5 & 0.41 & 0 & 0 & 0 & 0.32 & 0 & 0.25 \\
0 & 0 & 0 & 0 & 0 & 0.54 & 0.55 & 0 & 0 & 0 & 0 & 0.41 & 0.38 \\
0 & 0 & 0 & 0 & 0 & 0 & 0.56 & 0 & 0 & 0 & 0 & 0.58 & 0.49 \\
0 & 0 & 0 & 0 & 0 & 0 & 0 & 0 & 0 & 0 & 0 & 0.61 & 0.52 \\
0 & 0 & 0 & 0 & 0 & 0 & 0 & 1 & 0 & 0 & 0 & 0 & 0 \\
0 & 0 & 0 & 0 & 0 & 0 & 0 & 0 & 1 & 0 & 0 & 0 & 0 \\
0 & 0 & 0 & 0 & 0 & 0 & 0 & 0 & 0 & 1 & 0 & 0 & 0 \\
0 & 0 & 0 & 0 & 0 & 0 & 0 & 0 & 0 & 0 & 1 & 0 & 0 \\
0 & 0 & 0 & 0 & 0 & 0 & 0 & 0 & 0 & 0 & 0 & 1 & 0 \\
0 & 0 & 0 & 0 & 0 & 0 & 0 & 0 & 0 & 0 & 0 & 0 & 1
\end{bmatrix}$$

假设上述不同工作状态下的平均工作时间为：$\delta_1=60$，$\delta_2=55$，$\delta_3=45$，$\delta_4=30$，$\delta_5=25$，$\delta_6=20$，$\delta_7=15$。前 5 种状态下的维修平均时间和维修费用率分别为：$\mu_1=1$，$f_1=100$；$\mu_2=1.5$，$f_2=150$；$\mu_3=2$，$f_3=200$；$\mu_4=2.5$，$f_4=250$；$\mu_5=3$，$f_5=$

300，更换固定耗时 $\tau=10$，费用率 $c=1\ 000$。

令初始策略为 $A^{(0)}=\{A_r, A_r, A_r, A_r, A_r, A_r\}$，即按照图 2-4 所示测控流程示意图，当某一 ADA_k 出现模块故障时，立即投入备用模块，并将出现模块故障的 ADA_k 转入停运待修。令 $V_A(F_3)=0$，则按照前述迭代算法的步骤可得维修策略见表 2-1。

表 2-1　不同故障状态的维修策略表

故障状态	维修时间 μ	维修费用 f	维修策略
1	1	100	A_f
2	1.5	150	A_f
3	2	200	A_f
4	2.5	250	A_f
5	3	300	A_r
6	10	1 000	A_r

可从表 2-1 分析得到最优策略为：$A^{(0)}=\{A_f, A_f, A_f, A_f, A_r, A_r\}$，即当系统处于前 4 类故障状态时，不进行更换维修，而是进行恢复性维修，直至第 5 类故障状态出现，才进行更换维修。由此可得，装置本身的价值、系统的状态转移率及不同状态下的修复费用和修复时间等是影响最优修复策略的主要因素。

2.6 小结

同相供电装置冗余及备用单元越多，其劣化情况越复杂，在寿命周期内的系统存在诸多状态，会出现阶段劣化的情况。因为这种装备的修复手段经常忽视系统劣化中的阶段性特点，选择统一的修复手段，在装备不能被修复时再选择更换装备，这是导致维修费用过高的主要原因。综合上述内容，运用半马尔可夫过程依据组合式同相供电装置的劣化特征进行建模，可以得到最优修复策略的一般迭代算法。参照给出的特例，对其加以分析，然后参考影响最优修复策略的主要因素就可以制定出可行性高的修复策略，以减少装置在寿命周期内的修复费用。

第3章

基于振动信号分析的高铁接触网补偿装置故障状态监测研究

3.1　引言

高铁接触网采用全补偿链形悬挂系统，在每个锚段两端的接触线和承力索内串接了张力自动补偿装置，这就意味着当补偿装置出现故障或处于异常工作状态时，会直接影响到接触网的工作状态，严重时可能导致接触网断线故障发生。补偿装置的失效原因主要有坠砣卡滞、补偿绳偏磨、断线等[94-96]。考虑补偿装置和接触网存在物理连接，在高速动车组运行，受电弓受流获取动力时，受电弓与接触线处于摩擦滑动工况，接触线将进入振动状态，这种振动通过物理连接传递给补偿装置。因此，提出一种基于振动信号分析的高铁接触网补偿装置故障状态监测方法，以正确、快速地判断棘轮补偿装置机械故障状态，实现接触网设备的状态维修。

机械故障监测是一个涉及多个学科的复杂问题，包括探测器的特征选择和参数优化的关键性问题[97]。一般机械故障信号是典型的非线性、非平稳信号，故障特征与故障类别之间的对应关系不是很明确，人们需要提取原始特征，以便尽可能地识别机械故障。由于机械故障具有许多不相干的冗余特征，机械故障检测器具有很高的复杂度且需要较长的训练时间，这就可能会给故障监测结果带来不利影响。所以，基于此，一些学者提出了大量的机械故障特征选择算法，包括穷举法、模拟退火算法、智能水滴算法、粒子群优化算法等，在一定程度上降低了特征维数，加快了故障监测的效率[98-100]。目前，机械故障监测器主要包括基于如 k-最近邻算法的分类器、神经网络和支持向量机等。k-最近邻算法（KNN 算法）是直观的，没有先验统计知识和监督学习等，所以在本书中 KNN 算法被选定为机械故障监测器[101]。KNN 算法的检测性能与相邻数字（k）的值密切相关。传统上采用实证的方法确定 k 值，这使对 k 的选择具有盲目倾向，导致获得不合理的 k 值和不理想的机械故障复位结果。为了解决这个问题，一些学者提出了一些启发式算法，如粒子群优化算法和智能水滴算法等，从而为 KNN 算法选定了 k 值，提高了 KNN 算法的分类性能[102]。在目前的机械故障监测过程中，忽略了机械故障特征和为 KNN 算法选定的 k 值之间的内在联系，因此存在一个缺陷：很难在特征选择和 k 值选择中间确定哪一个才是首先要考虑的，造成很难获得全局最优特征子集和最优 k 值[103]。

考虑高速铁路最为常用的补偿装置是棘轮补偿装置，为了提高棘轮补偿装置机械故障状态的监测效果，鉴于机械故障特征和为 KNN 算法选定的 k 值，提出了采用改进智能水滴算法（IWD）选择机械故障特征和 KNN 参数的机械故障监测模型（IWD-KNN），并通过仿真实验验证了该模型的有效性和可行性。

3.2　高铁接触网棘轮补偿装置运行分析

牵引供电系统的接触网设备架设于室外环境中，温度时刻都在变化，为补偿温度变化时接触网张力的变化，使接触网和承力索保持恒定的张力，保障弓网受流质量，高铁接触网系统均采用全补偿链形悬挂。全补偿链形悬挂要求在每个锚段的接触线和承力索两段设置张力自动补偿装置。

目前国内常见的张力自动补偿装置有弹簧补偿器、液压补偿器、滑轮补偿器、棘轮补偿器等。不同类型的补偿器的功能相近，但是各有特点。与其他 3 种补偿器相比，棘轮补偿器的应用范围最为广泛，主要原因在于该类补偿器具有断线自动制动功能，这一特点可以有效缩小接触网断线故障的影响范围，降低接触线抢修恢复连接的难度，满足接触线断线故障的快速抢修需求[104-105]。图 3-1 为棘轮补偿装置的安装位置示意图。

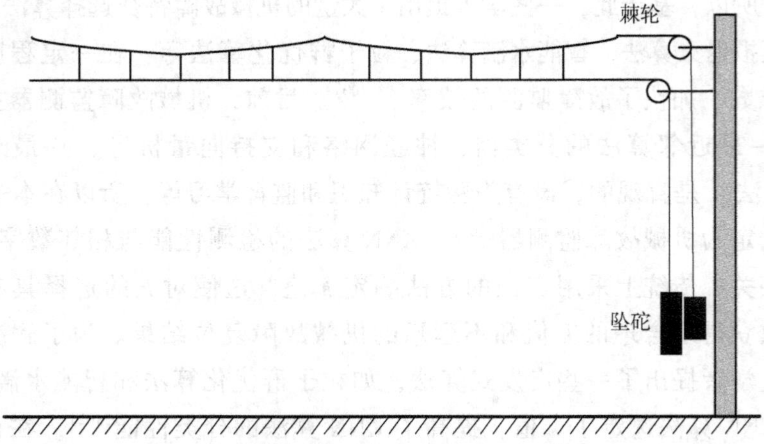

图 3-1 棘轮补偿装置的安装位置示意图

从结构上分析，棘轮补偿器大致包括两部分：其一是棘轮，其二是坠砣。图 3-2 为棘轮补偿装置的结构示意图，图中展示了该补偿装置的组成要素。一般来说，棘轮的轮子有大小之分，大轮直径通常为小轮直径的 3 倍，大轮上设置有棘齿，借助于此，能够将摇杆固定到连接架上。当棘轮补偿器正在运行时，小轮上缠绕的补偿绳连接到平衡轮，通过平衡轮和接触线或承力索相连，大轮上缠绕的补偿绳连接至坠砣。棘轮通过转动实现对接触线或承力索的张力的自动补偿。当接触线或承力索出现断线情况时，棘轮迅速下坠，棘轮受棘齿作用停止转动，进而实现断线制动的功能。

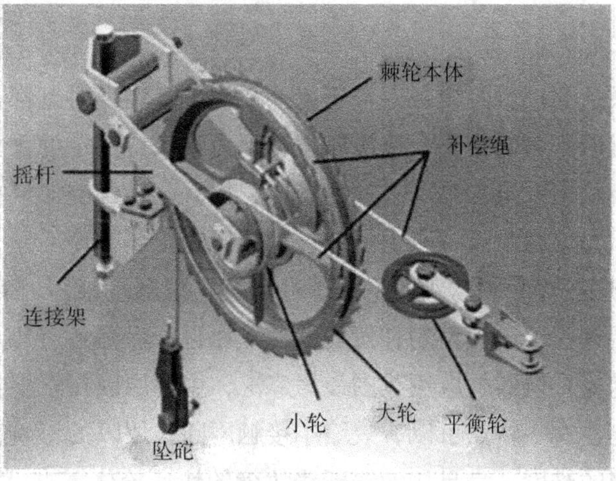

图 3-2 棘轮补偿装置的结构示意图

张力自动补偿装置作为用来补偿接触网张力变化的设备，当补偿装置发生故障时，便无法顺利完成对接触线或承力索的正常张力补偿，弓网系统的运行质量就会出现一定程度的下降，进而直接影响到接触网的工作状态。通常补偿绳断线或者坠砣卡滞是导致棘轮补偿装置失效的主要原因。为确保棘轮补偿装置的运行状态良好，供电设备管理部门必须耗费大量时间和费用对棘轮补偿装置进行定期检查维护。

然而，当前的检测车巡检和人工巡检方式并不能有效地发现棘轮补偿装置故障。为了提高棘轮补偿装置的运行质量监测技术水平，更方便、更快速地获取接触网运行状态，在考虑棘轮补偿装置和接触网存在物理连接，接触网振动可以通过物理连接传递给棘轮补偿装置的情况下，提出对棘轮补偿装置的振动特性进行监测，在分析振动特征信号的基础上，监测棘轮补偿装置的运行和故障状态，实现对棘轮补偿装置和接触网的状态维修。

由于棘轮补偿装置的振动特点和工作状态具有直接联系，可以利用监测棘轮补偿装置的振动信号来判断其运行状态，从而对补偿器的性能进行实时的监测和评估。通过故障信号分析，及时发现棘轮补偿装置所处的运行和故障状态，进行有针对性的维修，以提高棘轮补偿装置的补偿性能。基于此，本书以实现接触网棘轮补偿装置早期故障状态监测和运行状态识别为目标，提出对采集到的棘轮补偿装置振动信号进行分析，从而进行不同类型故障识别和运行状态预测的方法。

3.3　机械故障选择和 KNN 参数描述

3.3.1　*k* 近邻分类器

k 近邻分类过程采用投票表决决策规则：首先搜索与未分类样本距离指标最近的 k 组样本数据，然后对选取的这 k 组样本进行“投票”表决，将票数作为样本类别的判定依据。KNN 算法的具体步骤如下：

步骤 1：（初始集设定）假定 KNN 算法训练集为 $X_{\text{train}}=\{(\boldsymbol{x}_l,\omega_j)\mid l=1,2,\cdots,n;j=1,2,\cdots,C\}$。那么，$(\boldsymbol{x}_l,\omega_j)$ 表示样本对，ω_j 是样本 $\boldsymbol{x}_l$ 所属类别，$\boldsymbol{x}_l=(x_{l1},x_{l2},\cdots,x_{lN})^{\mathrm{T}}$，为训练集中训练样本特征量。$n$ 为训练集中的数据数量，C 为目标类别数量。

步骤 2：（最近邻查询）对测试样本的 k 组近邻样本进行分类搜索。假定 $\boldsymbol{y}$

为测试样本数据，形式为 $\boldsymbol{y}=(y_1,y_2,\cdots,y_N)^{\mathrm{T}}$。基于训练样本和测试样本间的相似度指标 $\mathrm{sim}(\boldsymbol{y},\boldsymbol{x}_l)$，查找最大的 k 组最近样本 $\boldsymbol{y}$。

步骤 3：（投票表决）将投票数最多的 k 个近邻样本判定为样本 $\boldsymbol{y}$ 的类别 $\mathrm{class}(\boldsymbol{y})$，可通过以下判定函数 $F(\boldsymbol{y},\omega_j)$ 进行类别划定，形式如下：

$$F(\boldsymbol{y},\omega_j)=\sum_{x_l\in \mathrm{KNN}}[\mathrm{sim}(\boldsymbol{y},\boldsymbol{x}_l)\cdot I(\boldsymbol{x}_l,\omega_j)] \tag{3-1}$$

$$\mathrm{class}(\boldsymbol{y})=\mathrm{argmax}\{F(\boldsymbol{y},\omega_1),F(\boldsymbol{y},\omega_2),F(\boldsymbol{y},\omega_3),\cdots,F(\boldsymbol{y},\omega_C)\} \tag{3-2}$$

式（3-1）中，$I(\boldsymbol{x}_l,\omega_j)$ 表示样本类别函数，如果满足 $\boldsymbol{x}_l\in\omega_j$，那么可得 $I(\boldsymbol{x}_l,\omega_j)=1$，否则 $I(\boldsymbol{x}_l,\omega_j)=0$。相似度 $\mathrm{sim}(\boldsymbol{y},x_i)$ 的计算公式如下：

$$\mathrm{sim}(\boldsymbol{y},\boldsymbol{x}_l)=\frac{1}{\sqrt{\sum_{i=1}^{N}(y_i-x_{li})^2}} \tag{3-3}$$

设定机械故障的样本训练集为 $X=\{\boldsymbol{x}_i\mid \boldsymbol{x}_i=(x_{i1},x_{i2},\cdots,x_{iN})^{\mathrm{T}},i=1,2,\cdots,n\}$，$n$ 是训练集尺寸，N 为特征维度。设定 k 组目标类别 $\omega_1,\omega_2,\cdots,\omega_k$，其中聚类类别数量是 k，测试样本数据集是 $\boldsymbol{y}=(y_1,y_2,\cdots,y_N)^{\mathrm{T}}$。KNN 分类器过程如下：

步骤 1：对于训练样本集 $X=\{\boldsymbol{x}_i\mid \boldsymbol{x}_i=(x_{i1},x_{i2},\cdots,x_{iN})^{\mathrm{T}},i=1,2,\cdots,n\}$，将训练样本类别标签设定为 k 种类别，随机初始化 $c_1^0,c_2^0,\cdots,c_k^0$ 分别为类别标签 $\omega_1,\omega_2,\cdots,\omega_k$ 的聚类中心初始值。

步骤 2：基于 KNN 算法对聚类中心 $\boldsymbol{C}_1,\boldsymbol{C}_2,\cdots,\boldsymbol{C}_k$ 进行求解，其中 $\boldsymbol{C}_r=(C_{r1},C_{r2},\cdots,C_{rN})$，$r=1,2,\cdots,k$。

步骤 3：对训练样本和待分类样本 $\boldsymbol{y}=(y_1,y_2,\cdots,y_N)^{\mathrm{T}}$ 间的相似度 $\mathrm{SIM}(\boldsymbol{y},X)$ 进行计算：

$$\mathrm{SIM}(\boldsymbol{y},X)=\{\mathrm{sim}(\boldsymbol{y},\boldsymbol{x}_l)\mid l=1,2,\cdots,n\}=\{1/\mathrm{sqrt}\Big(\sum_{i=1}^{N}(y_i-x_{li})^2\Big)\} \tag{3-4}$$

步骤 4：查找 k 个最大相似度 $\mathrm{SIM}(\boldsymbol{y},X)$ 值，并获得对应的训练样本当作样本的 k 个近邻 $\boldsymbol{g}_m=(g_{m1},g_{m2},\cdots,g_{mN})^{\mathrm{T}}$，$m=1,2,\cdots,k$。

步骤 5：对样本 $\boldsymbol{g}_m=(g_{m1},g_{m2},\cdots,g_{mN})^{\mathrm{T}}$ 相对于聚类中心的隶属程度 $\mu(\boldsymbol{g}_m,\omega_j)$，$j=1,2,\cdots,k$ 进行计算，其中对于 $\boldsymbol{g}_m\notin\omega_j$ 情形，$\mu(\boldsymbol{g}_m,\omega_j)=0$，否则计算形式如下：

$$\mu(\boldsymbol{g}_m,\omega_j)=\frac{1}{\sqrt{2\pi}}\exp\Big(-\mathrm{sqrt}\Big(\sum_{l=1}^{N}(g_{ml}-C_{jl})^2\Big)/2\Big) \tag{3-5}$$

步骤 6：对样本类别的判别函数进行计算和决策。首先对判别函数 $F(\boldsymbol{y},\omega_j)$，$j=1,2,\cdots,k$ 进行计算，然后根据判别函数的 k 个最大近邻值判定样本 $\boldsymbol{y}$ 的所属类别 $\mathrm{class}(\boldsymbol{y})$。具体计算方法参见式（3-1）和式（3-2）。

3.3.2　机械故障特征 KNN 参数优化

对于给定的机械故障特征集 $F=\{f_1,f_2,\cdots,f_n\}$，特征选择应通过尺度矢量描述：$S=\{s_1,s_2,\cdots,s_n\},s_i\in\{0,1\}$，且 $i=1,2,\cdots,n$。其中，n 是机械故障的数量，1 和 0 分别表示是否选择了该特征。机械故障的特点决定了机械故障监测具有较高的精度，因此，以机械故障监测的准确性（G）作为特征选择的网格数，机械故障的特征选择问题可以描述为

$$\max_S\{G(S)\} \tag{3-6}$$

约束条件为

$$\begin{cases} S=\{s_1,s_2,\cdots,s_n\} \\ s_i\in\{0,1\} \\ i=1,2,\cdots,n \end{cases} \tag{3-7}$$

在对式（3-6）和式（3-7）进行分析后，可以推断出机械故障的特征选择是一个典型的多参数目标优化问题，并且存在 $2n$ 种子集。穷举法是一种计算量大、耗时长的算法。智能水滴算法是一种启发式模拟算法，具有较强的全局搜索能力和内隐并行性等优点，可以快速找到最佳的特征子集。个体表示一个特征子集（S），机械故障监测的准确性就是用以衡量个体优劣的适应度函数。

KNN 算法是一种非常有效的非参数分类器，找出离未知样本 x 最近的 k 近邻，然后让 x 涉及大多数 k 近邻。假设 $k_1,k_2\cdots,k_c$ 分别为未知样本 x 的 k 近邻样本的实际样本量，$d_i(x)$ 是 w_i 类型的判别函数。$d_i(x)=k_i$，$i=1,2,3,\cdots,c$。则决策原则是：

如果

$$d_m(x)=\max\{d_i(x)\},i=1,2,3,\cdots,c \tag{3-8}$$

确定 $x\in w_m$。

对 k 最近邻分类器的可信度的定义为

$$T=d_m(x)/k(m+1)T^* \tag{3-9}$$

其中，k 是样本近邻的数量；$d_m(x)$ 是 k 最近邻要判别的范畴，包括近邻数量；$T^*=(m-1)/m$，是预设的系统可信度的阈值，如果 $T\geqslant T^*$，就认为 k 最近邻分

类器的分类是正确的。

在用 KNN 算法对机械故障监测进行建模之前，需要先选择样本最近邻数量 k，机械故障监测的准确性（G）是 KNN 参数的 k 选择目标函数，KNN 模型参数的优化问题可以描述为

$$\max_{M}\{G(M)\} \tag{3-10}$$

约束条件为

$$\begin{cases}M=\{k\}\\k>0\end{cases} \tag{3-11}$$

作为机械故障监测特征选择的解决方案，采用智能水滴算法为 KNN 算法选定了 k 值。个体表示为 KNN 参数选定的 k，机械故障监测的准确性是个体适应度函数。

依据式（3-6）和式（3-7）的描述可以看出，两者都有相同的目标，即：提高机械故障监测精度；将机械故障特征子集选择和 KNN 参数的 k 之间的内在关系用在特征选择和 KNN 参数的同步选择上。因此，其特征选择与 KNN 算法参数优化的数学模型为

$$\max_{S,M}\{G(S,M)\} \tag{3-12}$$

其中，G 表示机械故障监测的准确性；S 表示特征子集；M 表示 KNN 参数的 k 值。

从方程式（3-12）可以推断出，智能水滴算法的个体代表混合向量(S,M)，个体适应度函数值是机械故障监测的准确性（G）。

3.4 基于智能水滴算法的 KNN 参数同步特征选择

3.4.1 标准智能水滴优化算法

智能水滴算法的主要参数有 2 个：水滴的流速 velocity（IWD）和水滴的泥土含量 soil（IWD），并且处于实时变化中。水滴个体从河道 i 流向河道 j 路径中，水滴的流动速度的增量表示为 Δvelocity（IWD），该值与河道 i 到河道 j 路径中所含的泥土含量 soil（i,j）具有反比关系：

$$\Delta\text{velocity}(\text{IWD})=\frac{a_v}{b_v+c_v\,(\text{soil}(i,j))^2} \tag{3-13}$$

其中，a_v、b_v 和 c_v 是设定参数。在水滴个体流动路径中，河道内的泥土含量变化值和水滴个体中的泥土含量变化值一致，具体可计算为

$$\Delta\text{soil}(\text{IWD})=\Delta\text{soil}(i,j) \tag{3-14}$$

因为泥土含量 soil(i,j)会对水滴个体的流动速度产生重要影响，进而影响到 Δvelocity（IWD）取值，那么泥土含量的变化值与水滴个体由河道 i 到河道 j 的流动时间 time(i,j)具有反比关系，形式如下：

$$\Delta\text{soil}(\text{IWD})=\frac{a_s}{b_s+c_s\,(\text{time}(i,j))^2} \tag{3-15}$$

其中，a_s、b_s 和 c_s 同样是智能水滴算法的设定参数。则时间 time(i,j)可根据物理定律进行计算：

$$\text{time}(i,j)\propto\frac{d(i,j)}{\text{velocity}(\text{IWD})} \tag{3-16}$$

则对于智能水滴算法参数设定，水滴个体由河道 i 到河道 j 的流动时间 time(i,j)可计算如下：

$$\text{time}(i,j)=\frac{\text{HUD}(i,j)}{\text{velocity}(\text{IWD})} \tag{3-17}$$

其中，HUD(i,j)是启发函数。那么可得河道内的泥土剩余量为

$$\text{soil}(i,j)=\rho_0\text{soil}(i,j)-\rho_n\Delta\text{soil}(i,j) \tag{3-18}$$

其中，ρ_0 和 ρ_n 是智能水滴算法的权重参数，并且符合约束：

$$\rho_0+\rho_n=1 \tag{3-19}$$

进而可得到水滴个体内的泥土含量计算公式，形式为

$$\text{soil}(\text{IWD})=\text{soil}(\text{IWD})+\Delta\text{soil}(i,j) \tag{3-20}$$

河道中水滴个体流经路径中，泥土等物质起到类似障碍物的作用，水流会选取泥土阻碍作用较小的路径，并呈现较大的水流量，据此可定义水滴个体路径选取概率 $p(i,j)$ 的计算形式为

$$\begin{cases} p(i,j)=\dfrac{f(\text{soil}(i,j))}{\sum\limits^{k} f(\text{soil}(i,j))} \\ f(\text{soil}(i,j))=\dfrac{1}{\varepsilon+g(\text{soil}(i,j))} \end{cases} \tag{3-21}$$

其中，ε 是恒定的正值常量，g 可确保河道水滴流经路径内泥土变化量是正值，具体可计算为

$$g(\mathrm{soil}(i,j))=\begin{cases}\mathrm{soil}(i,j), & \min\{\mathrm{soil}(i,j)\}>0\\ \mathrm{soil}(i,j)-\min\{\mathrm{soil}(i,j)\}, & \text{其他}\end{cases} \tag{3-22}$$

其中，$\min\{\mathrm{soil}(i,j)\}$ 是河道 i 到河道 j 路径中的泥土最小量。

3.4.2　基于局部区域缩放的自适应算法描述

因为标准智能水滴算法的优化区间是固定的，在执行群体搜索过程中存在一定的盲目性，为解决该问题，本书提出基于局部区域缩放的自适应算法，其包含2个主要计算步骤：局部区域的扩展和收缩。设定搜索区间为

$$[l^t,u^t]=\{[l_k^t,u_k^t],k=1,2,\cdots,n\} \tag{3-23}$$

其中，t 为算法的进化次数。设定搜索区间的初始值为 $[l^0,u^0]=\{[l_k^0,u_k^0],k=1,2,\cdots,n\}$，令智能水滴算法的进化代数初值 $t=0$，则“零点”形式为 $x_0=(l_k^0+u_k^0)/2$。智能水滴算法局部区域缩放的自适应算法过程如图3-3所示。

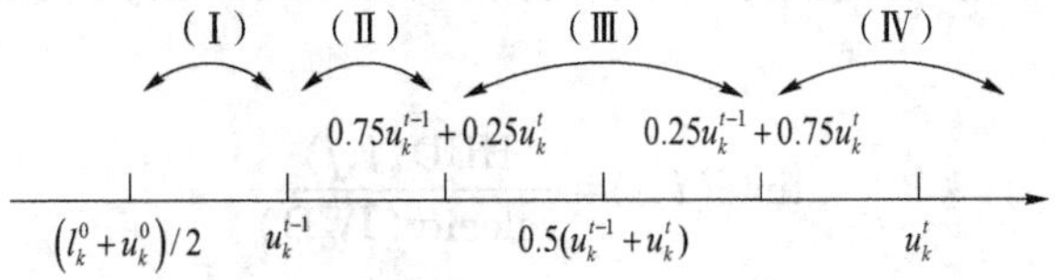

图3-3　智能水滴算法局部区域缩放的自适应算法过程

（1）局部区域的扩展阶段：如果当前进化代数的最优IWD水滴 x^* 符合 $x_k^*\in(u_k^t/2,u_k^t)$，那么当前进化代数的进化区间偏小，需要对IWD水滴取值区间边界执行扩展过程。

情境①：如果符合 $x_k^*\in(u_k^t/2,u_k^t)$，则可得 $t=t+1$，$u_k^t=2x_k^*$。

情境②：如果符合 $x_k^*\in(l_k^t,l_k^t/2)$，则可得 $t=t+1$，$l_k^t=2l_k^t$。

如果上述情境①、②均无法满足，则进行局部区域的收缩过程。

（2）局部区域的收缩阶段：在执行完局部区域的扩展阶段后，最优解此时已隐含在当前的搜索区间内，但是这时所界定的搜索区间过于粗糙，需进行局部区域的收缩，进而实现计算损耗的有效降低。设定搜索区间的初始上下界的中间值 $(l_k^0+u_k^0)/2$ 作为搜索过程的“零点”。图3-3中，情形（Ⅰ）属于搜索区间边界过大情况，情形（Ⅱ）中 u_k^{t-1} 要比 x_k^* 更小，u_k^t 要比 x_k^* 更大，应继续扩大

u_k^{t-1}，并降低 u_k^t；情形（Ⅲ）不需要对搜索空间进行调整；情形（Ⅳ）与情形（Ⅱ）的情况正好相反，应扩大 u_k^t，并降低 u_k^{t-1}。具体操作步骤为：

情境（1）：如果符合条件 $x_k^* \in ((l_k^0+u_k^0)/2, u_k^{t-1})$，则可得 $t=t+1$，$u_k^t=u_k^{t-2}$，$u_k^{t-1}=0.5[u_k^{t-2}+(l_k^0+u_k^0)/2]$，$l_k^t=l_k^{t-2}$，$l_k^{t-1}=0.5[l_k^{t-2}+(l_k^0+u_k^0)/2]$。

情境（2）：如果符合条件 $x_k^* \in [u_k^{t-1}, 0.75u_k^{t-1}+0.25u_k^t)$，则可得 $t=t+1$，$u_k^t=0.5(u_k^{t-2}+u_k^{t-1})$，$u_k^{t-1}=1.2u_k^{t-2}$，$l_k^t=l_k^{t-2}$，$l_k^{t-1}=0.5[l_k^{t-2}+(l_k^0+u_k^0)/2]$。

情境（3）：如果符合条件 $x_k^* \in (0.25u_k^{t-1}+0.75u_k^t, \infty)$，则可得 $t=t+1$，$u_k^{t-1}=0.5(u_k^{t-2}+u_k^{t-1})$，$u_k^t=1.2x_k^*$，$l_k^t=l_k^{t-2}$，$l_k^{t-1}=0.5[l_k^{t-2}+(l_k^0+u_k^0)/2]$。

情境（4）：如果符合条件 $x_k^* \in (l_k^{t-1}, (l_k^0+u_k^0)/2)$，则可得 $t=t+1$，$l_k^t=l_k^{t-2}$，$l_k^{t-1}=0.5[l_k^{t-2}+(l_k^0+u_k^0)/2]$，$u_k^t=u_k^{t-2}$，$u_k^{t-1}=0.5[u_k^{t-2}+(l_k^0+u_k^0)/2]$。

情境（5）：如果符合条件 $x_k^* \in (0.75l_k^{t-1}+0.25l_k^t, l_k^{t-1}]$，则可得 $t=t+1$，$l_k^t=0.5(l_k^{t-2}+l_k^{t-1})$，$l_k^{t-1}=1.2l_k^{t-2}$，$u_k^t=u_k^{t-2}$，$u_k^{t-1}=0.5[u_k^{t-2}+(l_k^0+u_k^0)/2]$。

情境（6）：如果符合条件 $x_k^* \in (-\infty, 0.25l_k^{t-1}+0.75l_k^t)$，则可得 $t=t+1$，$l_k^{t-1}=0.5(l_k^{t-2}+l_k^{t-1})$，$l_k^t=1.2x_k^*$，$u_k^t=u_k^{t-2}$，$u_k^{t-1}=0.5[u_k^{t-2}+(l_k^0+u_k^0)/2]$。

经过以上局部区域的收缩和扩展阶段后，使得水滴个体可保持在较为合理的区间内，可实现智能水滴算法计算效率的有效提升，并可杜绝算法的早熟收敛。

3.4.3　机械故障监测模型的操作步骤

在上述局部区域自动缩放（local space automatic scaling，LSAS）的智能水滴算法（LSAS-IWD 算法）中，涉及区间调整周期 NC，若该值过大，无法发挥出局部区域缩放过程的优势，若该值过小，会增加算法的计算复杂度。这里选取 NC=10，则可得基于 LSAS-IWD 算法的最近邻机械故障特征监测步骤如下。

步骤 1：获得机械设备的运行状态，并对获得的数据执行预处理操作。

步骤 2：将智能水滴算法的进化种群规模设为 NP，维度参数设为 D，泥土含量初值设为 ini_soil(i,j)，区间的调整周期设为 NC，水滴个体的初始流动速度为 $\text{ini\_vel}_{\text{IWD}}$，搜索区间的初值设定为 $[l^0, u^0]$，进化代数标识初始化为 $s=1$。

步骤 3：设定在初始区间 $[l^0, u^0]$ 内，通过随机方式获得 NP 个水滴构建种群 P_1，然后计算故障诊断的适应度。

步骤 4：如果满足故障诊断预先设定的终止条件，那么停止故障诊断过程并输出故障诊断方案。

步骤 5：执行智能水滴算法的个体更新过程，如果进化代数 s 除以参数 NC 为整数值，则按照上述局部区域缩放判别式，对$[l^{t-1},u^{t-1}]$，$[l^{t},u^{t}]$，P_1 进行更新。

步骤 6：设定进化代数标识 $s=s+1$，并跳转步骤 3。

步骤 7：对最优的智能水滴算法个体进行解码，并得到最优的机械监测特征子集和 KNN 算法参数的近邻参数 k 的取值。

步骤 8：按照特征最优子集方式对样本执行重新训练过程，并获得最优的机械故障监测模型。

按照所构建的最优机械故障监测模型，可实现对机械故障的有效监测，并验证该模型的有效性和可行性。

3.5 模拟实验

3.5.1 优化算法性能测试

为验证 LSAS-IWD 算法的有效性，选取标准测试函数进行实验对比。设定仿真硬件组成为：CPU i5-4400k，RAM 8G ddr3 1600。仿真软件：Matlab。对比算法选取标准 IWD 算法、LSAS-IWD 算法及粒子群算法（particle swarm optimization，PSO），为确保仿真对比数据的公正性，上述算法分别运行 20 次并求取对比指标均值。设定进化终止步数 $T_{\max}=250$。

所选取标准测试函数共有 2 组：

Griewank：

$$f_1=\frac{1}{4\,000}\sum_{i=1}^{n}x_i^2-\prod_{i=1}^{n}\cos\left(\frac{x_i}{\sqrt{i}}\right)+1 \tag{3-24}$$

Rosenbrock：

$$f_2=\sum_{i=1}^{n}\left[100(x_{i+1}-x_i^2)^2+(x_i-1)^2\right] \tag{3-25}$$

LSAS-IWD 算法与 IWD 算法、PSO 算法的收敛速度和收敛精度对比结果如图 3-4 所示。

图 3-4（a）和图 3-4（b）分别给出了 LSAS-IWD 算法与 IWD 算法、PSO 算法在选取的测试函数 f_1~f_2 上的对比曲线收敛情况。在算法进化的初期，PSO 算法的收敛速度和收敛精度要稍微优于 LSAS-IWD 算法，但后期的收敛速度要差

于 LSAS-IWD 算法，同时 LSAS-IWD 算法要比选取的对比算法具有更高的收敛精度和收敛速度，验证了所提方法的有效性。

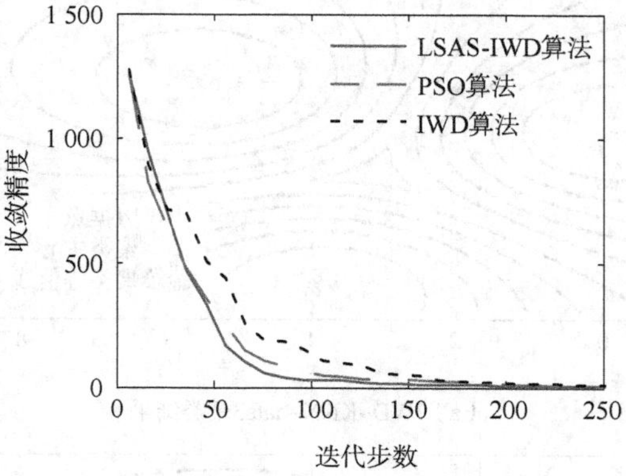

（a）Griewank对比数据

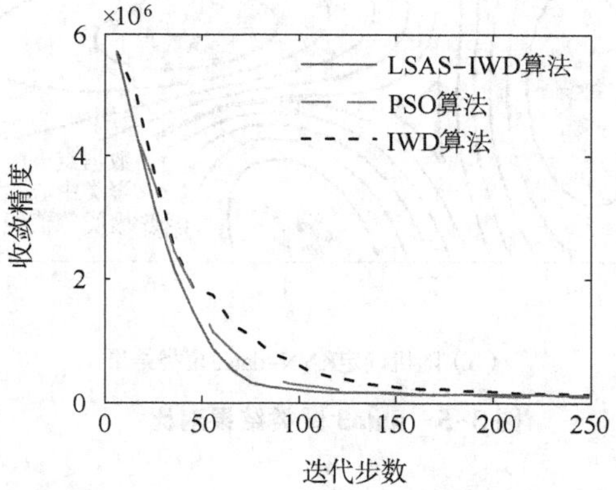

（b）Rosenbrock对比数据

图 3-4　收敛过程曲线对比

3.5.2　IWD-KNN 分类器性能测试

基于 Matlab 平台下开发的聚类工具箱，验证基于 LSAS-IWD 算法的 KNN 分类器的有效性。选择随机确定 KNN 参数算法进行仿真对比。硬件设置同前，测试数据选取工具箱所含的 MotorCycle、data3 及 nDexample 数据集，其中 MotorCycle、data3 是工具箱中已存在的数据集，而 nDexample 数据集可通过参数修改方式构建人造数据集：data. X = nDexample（5，250，2，0）。基于 Matlab 聚类工具箱 clusteval 函数对数据点的等值性进行评价。聚类结果对比如图 3-5 至图 3-7 所示。

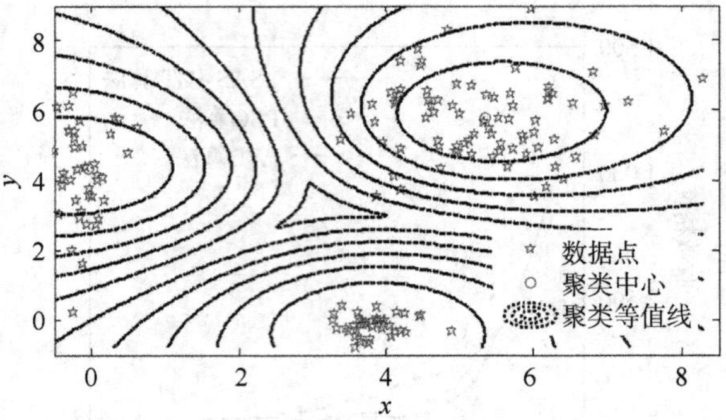

（a）IWD-KNN-data3聚类结果

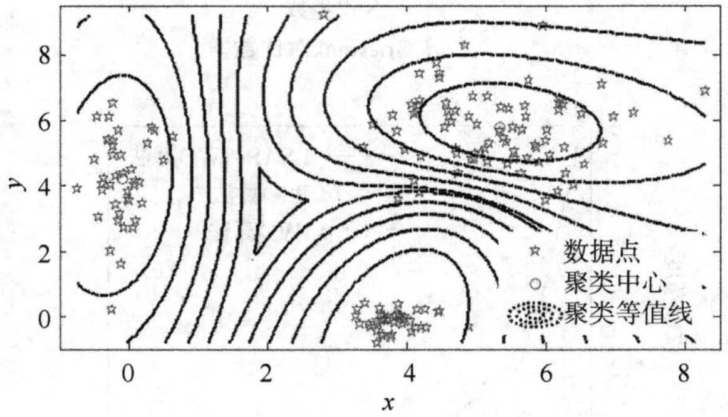

（b）随机确定KNN-data3聚类结果

图 3-5　data3 聚类结果对比

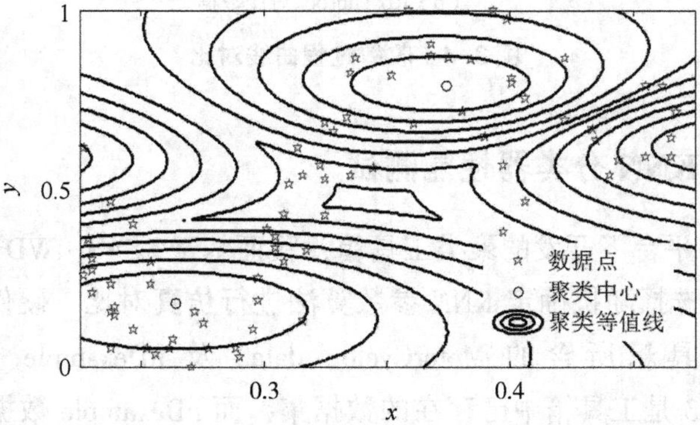

（a）IWD-KNN-MotorCycle聚类结果

图 3-6　MotorCycle 聚类结果对比

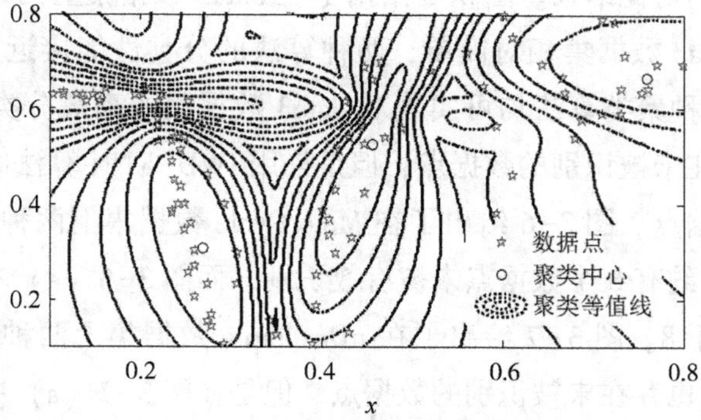

（b）随机确定KNN-MotorCycle聚类结果

图 3-6　MotorCycle 聚类结果对比（续）

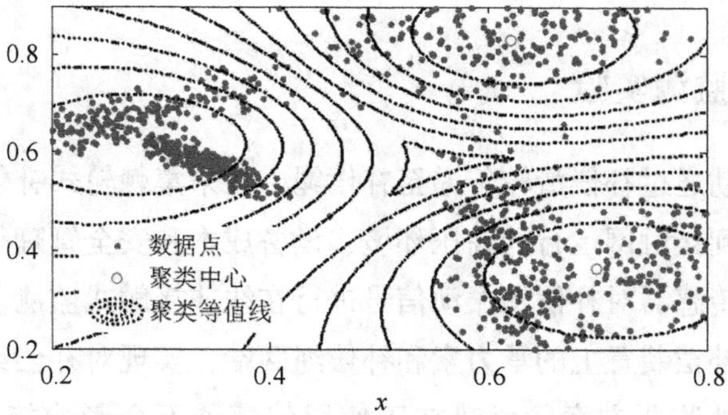

（a）IWD-KNN-nDexample聚类结果

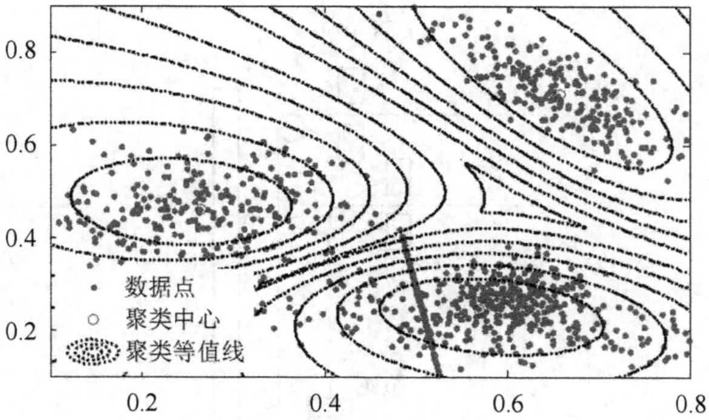

（b）随机确定KNN-nDexample聚类结果

图 3-7　nDexample 聚类结果对比

图 3-5 至图 3-7 分别为 IWD-KNN 和随机确定 KNN 两种聚类算法在选取的

测试数据集上的对比结果。图 3-5 给出了在 data3 数据集上两种算法的聚类结果对比。由于 data3 数据集相对简单，两种算法的分类性能接近，IWD-KNN 和随机确定 KNN 两种聚类算法均可实现对 data3 数据集的高效分类。在图 3-5（b）左下侧，仍存在未被识别的数据点，但是采用 IWD-KNN 算法时并未出现类似的未被识别的数据点。图 3-6 给出了在 MotorCycle 数据集上两种算法的对比情况，图 3-6（b）中约有 8 个数据点未被有效识别，而图 3-6（a）中这种未被识别的数据点数量少于 8。图 3-7 给出了在 nDexample 数据集上两种算法的对比情况，图 3-7（b）中也存在未被识别的数据点，但是在图 3-7（a）中不存在这样的数据点。从以上对比数据可知，本书所提出的改进 IWD 算法的 KNN 分类器性能要优于选取的随机确定 KNN 算法，从而验证了本书所提改进 IWD-KNN 算法的有效性。

3.5.3 故障监测实验

接触网振动通过补偿滑轮传递至补偿绳，在采集棘轮式补偿装置振动信号的过程中，考虑到接触网运行的高压环境、设备成本和安全管理等方面问题，选择使用电涡流式传感器对补偿绳振动信号进行在线非接触式监测。通过将传感器安装在锚段末端补偿装置上的承力索和补偿绳两端，实现对补偿绳振动信号的实时在线监测，这种监测方案的优势在于使用传感器不会影响接触网的正常运行。图 3-8 为棘轮补偿装置振动信号采集示意图。

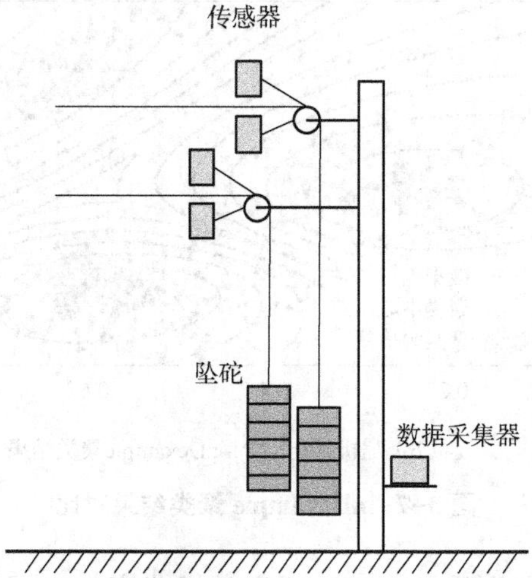

图 3-8 棘轮补偿装置振动信号采集示意图

实验的对象是时速 300 km 接触网棘轮补偿装置的振动信号，共包括 4 种工况，即卡滞、偏磨、断线和正常状态。每种工况取 100 个样本，4 种工况共取 400 个样本，将这些样本按 4 : 1 的比例分成训练集和测试集两类。对于收集到的接触网棘轮补偿装置故障信号，采用经验模态分段，并分别提取信号模态函数的 8 个能量值和 8 个奇异值。将原信号的 7 项指标，如方均根值、偏斜度、峰度、峰值、脉冲、波形及幅度等作为特征，得到的原始特征集共有 21 个特征值。

为了使改进 IWD-KNN 算法的结果更有说服力，采用了唯一的特征选择模型（模型 1）和唯一的 KNN 参数的 k 选择模型（模型 2）；采用无特征选择，随机确定 KNN 参数的 k 模型（模型 3）；为了进行对比实验，采用智能水滴算法分段选择特征和 KNN 参数的 k 模型（模型 4）。用监测时间和监测精度作为模型性能评价指标。将训练样本输入到训练的所有模型中，选定的特征数见表 3-1。

表 3-1　不同机械故障监测模型选择的参数

模型	k 值	选定特征数目
IWD-KNN	7	6
模型 1	随机选定	15
模型 2	10	21
模型 3	随机选定	21
模型 4	5	11

用表 3-1 中的所有参数建立相应的机械故障监测模型，然后通过建立的监测模型对测试集进行测试，并对每种模型重复操作 5 次。平均结果参见图 3-9 中的最终测试结果。

从图 3-9 中的对比结果可以得出以下结论：

（1）在所有的监测结果中，原始特征子集（包含 21 个特征）包含最多的特征数，同时随机确定的参数 k 模型（模型 3）的平均监测精度为 92.36%，这在利用所有模型得出的监测结果中是最低的。这表明，特征数并没有随监测结果而成线性增加。

（2）模型 1 的监测结果优于模型 3，这表明，原始特征的集中不利于所有特征的机械故障监测，因为其中含有一些与监测结果无关的特征及重复的特征，这不仅延长了机械监测的时间，还降低了监测精度。

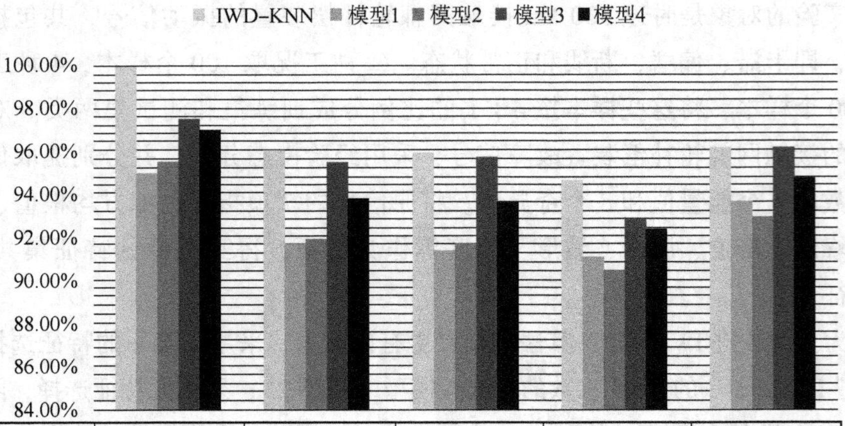

模型	正常状态	卡滞	偏磨	断线	平均监测精度
IWD-KNN	100.00%	94.97%	95.55%	97.52%	97.01%
模型1	96.09%	91.73%	91.94%	95.55%	93.83%
模型2	95.97%	91.41%	91.78%	95.79%	93.74%
模型3	94.70%	91.13%	90.40%	92.80%	92.36%
模型4	96.20%	93.73%	92.94%	96.15%	94.76%

图 3-9　不同补偿棘轮机械故障监测模型的性能对比

（3）模型 2 的监测结果优于模型 3，这表明，参数 k 对机械故障监测的影响很大，通过随机确定的 k 值不能获得最佳的机械故障监测模型，因此应当优化参数 k。

（4）模型 4 的监测结果优于模型 2 和模型 3，这表明，通过对特征和参数 k 进行优化，可以有效降低特征维数，获得最佳 k 值，并且还能提高机械故障监测精度。

（5）在所有模型中，采用 IWD-KNN 模型得出的监测结果最好，通过与模型 3 进行对比得出，平均监测精度提高了 4. 65%。这表明，尽管模型 3 中的特征和参数 k 得到了优化，但是通过对一个进行阶段性优化，而对另一个进行随机选择，仍不能保证使两者都达到最佳。利用机械状态特征和 IWD-KNN 模型的 KNN 参数之间的自然关系，它们得到同步优化，从而更好地消除了无用特征和冗余特征造成的不利影响。

每个模型的平均监测时间见表 3-2。表 3-2 显示，通过对比发现，IWD-KNN 模型的监测时间最短，监测速度最快；采用 IWD-KNN 模型进行特征和 k 值的同步选择，以同时获得最佳特征子集和 KNN 参数，消除特征维数，减少计算量，获得最佳的全局参数 k 值，并提高机械故障监测效率。

表 3-2　不同模型机械故障监测时间的对比　　单位：s

机械故障监测模型	正常状态	卡滞	偏磨	断线
IWD-KNN	0.217	0.155	0.147	0.126
模型 1	0.306	0.221	0.156	0.183
模型 2	0.440	0.666	0.243	0.488
模型 3	0.462	0.697	0.249	0.482
模型 4	0.236	0.178	0.167	0.192

3.6　小结

为了提高高铁接触网棘轮补偿装置机械故障状态的监测水平，本节提出在机械故障特征分析的基础上，通过振动信号监测，发现棘轮补偿装置的潜在故障。对于现有机械故障监测中单一的和阶段性的特征选择及分类器的参数优化，根据它们之间的相互关系，选定 KNN 算法为故障分类器，并提出了用 IWD 算法选定最近邻参数和机械故障监测模型。仿真结果表明，通过与传统的机械故障监测模型对比发现，IWD-KNN 模型利用全局搜索能力能快速找到最优的特征子集和 KNN 参数，大大提高了机械故障监测的精度和效率。

第 4 章

基于振动信号分析的高铁接触网单个锚段故障状态监测研究

4.1 引言

高铁接触网担负着为动车组供电的重要任务，承受着高速受电弓滑动摩擦取流时的高强度机械运动，应对着弓网作用力造成的冲击、振动、磨损等各种运行环境，这使得接触网不仅是一个传输电能的静态媒介，还是一个结构复杂、处于运动状态、对系统运行安全性、稳定性和可靠性要求很高的机械系统。机械系统的振动、温度、噪声等信息参量特征通常与其运行状态直接相关，振动即是高铁接触网运行的主要状态特征之一，在接触网设备运行的过程中，出现异常情况时其振动特征参数会出现明显的变化。通过分析接触网振动信号，可以在不停电、不影响运输、不拆解设备的情况下监测到设备的劣化情况、部位及程度。因此，在振动监测信息的基础上，进行高铁接触网振动信号与故障失效模式的关联性分析，是检测接触网设备故障隐患的重要手段。研究高铁接触网故障振动信号特性，有助于建立高铁接触网故障状态监测模型，预知接触网故障和隐患，实现接触网状态维修。

鉴于此，结合“细分供电单元，缩小故障范围，准确判断故障，压缩故障停时”的供电运营维护管理指导原则，提出一种以单个接触网锚段为对象的故障状态监测方法，在对单个锚段关键设备进行定点振动信息监测的基础上，通过对振动信号的分析，及时发现接触网故障隐患，技术的关键是对故障状态下振动信号的特征进行提取和分析。本书采用基于熵特征的有限变分小波分解方法对接触网系统故障状态监测信息进行处理，并用基于支持向量机（support vector machine，SVM）的方法对处理结果进行诊断和识别，目的是发现适用于高铁接触网运行及故障状态识别的特征参数，从而对牵引供电接触网设备主要机械部件的故障状态进行判断和识别，还进一步讨论了采用的特征提取算法在高铁接触网关键部件设备振动信号分析中的适用性。

4.2　接触网机械故障与定点振动信息监测

4.2.1　接触网机械故障

深入分析高铁接触网机械故障的后果、成因和特点，从中找到主要故障模式，可以为接触网运行状态监测及故障状态监测提供现实依据，在此基础上开展针对性状态维修，可以在有效减小接触网故障率的同时，提升其可靠性。在生产实践中，接触网作为为高速动车组传输电能的设备，被安装在高铁线路沿线，在固定接触网时必须借助于起支撑与定位作用的机械设备来实现。除此之外，接触网还需要发挥为动车组提供电力能源的作用。因此，接触网是电气与机械的综合体。在高铁运营过程中，接触网系统运行状态直接关系到高速铁路牵引供电系统的顺利运行。当接触网服役时间达到一定阶段时，就会出现性能的严重劣化，直接给高速铁路牵引供电系统带来严重影响，甚至可能引发影响动车组运行安全的事件。考虑到接触网故障给高铁所带来的影响，需要对高铁接触网机械故障进行深入、全面的分析。从机械属性层面看，高铁接触网机械故障可以分为两类，一类是接触线断线故障，另一类是接触网零部件故障。

接触网断线故障是最为严重的接触网故障类型之一，断线故障的产生根源集中体现在以下几个方面。

（1）高速铁路运行速度高，行车密度大，接触网和受电弓振动剧烈，造成接触网零部件设备振动强度大，设备磨损情况严重。当这种磨损到了一定程度时，必然会产生接触线断线故障。磨损是高速铁路接触网设备运行面临的重要问题，磨损造成设备失效引发供电中断的故障时有发生，影响后果严重，必须采取预防手段在设备失效前进行维修或更换。

(2) 受各种因素影响，绝缘子串、连接线夹、定位线夹等零部件会出现脱落或者损坏，进而引起断线故障。

(3) 当作用于接触线的外力强度远远大于接触网线索自身所能够承受的压力时，出现如坠砣卡滞、锚拉杆锈断等问题，从而导致接触网断线故障，具体内容可参见文献［106-110］。

(4) 将接触悬挂长时间置于较为紧张的条件下，不论是外界环境激励，还是受电弓的抬升，都容易使其出现持续振动，久而久之，造成接触网断线故障，具体内容可参见文献［111］。断线故障如果没有得到及时的发现和处理，当动车组升弓闯入断线区段时，就可能导致受电弓被打断，也可能发生受电弓拉扯接触线、吊弦等接触网设备，造成断线故障加剧的后果，这些严重的次生故障会导致整个供电区段的停运，甚至影响动车组的运行安全。

由于接触网设备机械零部件构成众多，接触网零部件机械故障也是最为常见的故障类型。对于接触网悬挂结构而言，每个接触网零部件都是重要的连接环节，借助于这些零部件，才能实现接触网支撑、定位和接触悬挂等各个部分的有机组合，进而形成完整的接触网系统。一般来说，接触网零部件故障集中表现在以下几个方面。

(1) 吊弦脱落。因长期受振动、温度变化或者受电弓作用等因素影响，吊弦可能会出现螺栓松脱、裂纹、断开等问题。

(2) 吊弦烧断。不管是因为电连接设置数量而产生的问题，还是因为整体的位置分布而产生的问题，一旦遇到取流过大的情况，就会导致整个吊弦出现烧断故障，对供电和运输造成严重的影响[112]。

(3) 定位装置故障，如定位器的弯曲、折断、脱落等问题。如前所述，接触悬挂长时间置于较为密集运行的条件下，受电弓的抬升作用容易使其出现持续振动，定位装置出现一定程度的弯曲甚至折断，进而造成接触网断线故障。可以说，受外界或自身作用，定位装置连接处出现断裂，容易出现零部件脱落问题，这实际上是最为常见的故障类型[113,94-96]。

(4) 补偿器失效。牵引供电系统的接触网设备被架设于室外环境中，温度时时刻刻都在变化，为补偿温度变化时接触网张力的变化，使接触网和承力索保持恒定的张力，保障弓网受流质量，需要张力补偿器装置来解决此问题。需注意的是，在坠砣卡滞或补偿绳断线的情况出现时，便会出现补偿器失效。

（5）支柱倾斜或折断。作为支撑部件，支柱如果出现折断现象，那么整个支撑结构都会受到损坏，由此带来的影响不仅仅体现在破坏面广，还包括电力中断时间长等问题。一些情况下，支柱还会出现基础下陷或者两张力差过大等问题，进而出现支柱倾斜[114-116]。

作为牵引供电系统的重要环节，接触网功能旨在为高速运行动车组提供源源不断的动力能源。当接触网服役时间达到一定阶段时，由于设备出现机械疲劳，便会引起故障发生。由于没有备用接触网，一旦接触网出现故障，动车组便会失去动力供应，造成铁路运输中断，影响运输秩序，甚至造成影响较大的社会事件。提升接触网的机械可靠性是确保牵引供电系统运行安全可靠的必要前提，而要有效提升接触网的可靠性，其关键途径是在分析系统设备运行参数的基础上进行有效的设备检修，以此来最大限度地预防接触网故障发生。

4.2.2　接触网定点振动信息监测

考虑到机械受力程度的要求，当接触悬挂中接触线和承力索的长度到达一定值时，需要将其进行分段，这些彼此独立的机械分段被称为锚段。通过设置相对独立的锚段，既便于在锚段两端设置张力自动补偿装置，又有助于缩小故障发生范围。锚段是接触网系统的基本机械单元，也是高铁调度进行牵引供电故障隔离处理的基本单元，图 4-1 为全补偿的接触网锚段示意图。

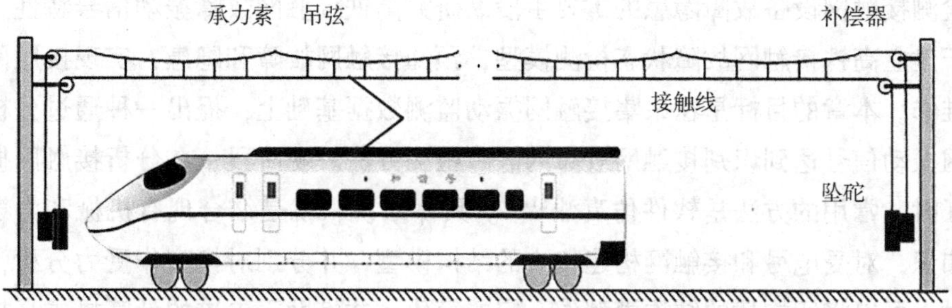

图 4-1　全补偿的接触网锚段示意图

接触网的运行状态与接触网的振动情况具有密切联系。当动车组以较高的速度通过时，由于受电弓抬升力影响，接触线会在偏离静态平衡位置附近发生振动，使接触网产生动态力，同时零部件的应力会随之变化。这种振动会使接触线因与受电弓的滑动接触而出现一定的疲劳和磨损，当这种劣化达到一定程度时，必然导致接触线断线故障发生。同时，由于不断的振动促使零部件的应力产生变化，还会出现各种接触网设备零部件失效故障。这些因机械振动疲劳和磨损引起的供电设备故障案例在生产实践中屡见不鲜。

因此，监测和分析接触网振动信息可以帮助评估、预测接触网运行情况，帮助实现及时发现接触网潜在故障的目的。从构成上看，接触网是由软索构成的多自由度耦合的分布式系统，接触网的振动特性一般取决于接触悬挂的相关参数[104]。在高速动车组的日常运行中，接触线与受电弓的滑动接触会产生振动波，久而久之必然出现一定的设备疲劳，要提升接触网使用寿命，就需要对其振动特征进行分析。根据接触网的振动特征总结振动规律，通过检测接触网振动情况有效地评价接触网运行性能，从而为高速铁路的日常运营及维护提供必要的参考[117]。另外，通过对接触线的定位点抬升进行检测，获取接触网系统的实时状态，也为后续设备维修管理提供基础数据。对补偿装置的振动监测，也可以帮助发现棘轮补偿装置和接触网的运行状态隐患，这在第 3 章中已进行了探讨。为了实现接触网的细微故障监测及故障趋势预测，考虑到接触网所涉及的范围较大，需要时选择多点分散式安装设备进行振动信息监测，只有这样才能更加全面地对接触网不同运行状态阶段进行监测。通过对接触网关键位置定点监测振动信号的分析，从中提取故障特征参数，借助于此进行故障状态的客观判断，帮助检修人员进行故障维修，进而延长高铁接触网设备的使用寿命。

综上所述，本书开展了高铁接触网振动信号与故障失效模式的分析研究，这是检测接触网设备故障隐患的重要手段。研究高铁接触网故障振动信号特性，有助于建立高铁接触网故障状态检测模型，预知接触网故障和隐患，实现接触网状态维修。本章的目标是在采集接触网振动监测数据基础上，提出一种通过分析接触网振动信号达到识别接触网故障的故障检测方法。现阶段，在分析接触网振动特征时，常用的方法是软件仿真法[117]。具体来说，就是结合现有机械和力学理论知识，对受电弓和接触网构建相应的结构模型，并分别对模型作受力分析，必要时，可以将所构建的结构模型作一定的简化，并借助于先进的计算机仿真技术分析、论证模型，进而得出最终的结论。一些研究成果已经被应用到弓网运行关系中，在提升高速列车受流质量的同时，也进一步延长了接触网使用寿命。客观地看，采用这一研究方法，势必耗费很大的时间成本，这从一定程度上制约了电气化铁路牵引供电设备运行规律研究的发展。鉴于此，本书提出通过实时检测到的接触网振动信息，在搜集相关数据的基础上，研究掌握接触网的故障规律，将故障预警数据及时提交设备运营管理部门，以此来提升铁路运行的安全性与稳定性。在振动监测信号采集的基础上，可借助于有限元仿真软件对其他典型的接触网故障工况进行动态响应分析，从中提取系统故障的特征参量，以此为接触网的故障识别和检测提供必要的参考[118-122]。

4.3　熵特征小波分解识别

4.3.1　小波熵的概念

结合振动信号的特征，选择小波能量熵、小波时间熵、小波奇异熵、小波时频熵、小波平均熵等不同类型的小波熵，对高铁接触网系统故障振动信息数据进行特征提取和故障诊断。以下分别介绍小波能量熵、小波时间熵、小波奇异熵、小波时频熵、小波平均熵等的计算方法。

（1）小波能量熵（WEE）。如果对信号 $x(t)$ 进行 m 层的小波分解，结合各维度上的小波分解重构系数，最终可获得各波段的小波能量谱 $E=E_1$，E_2，…，E_m。

假设 $p_j=E_j/E$，$\sum_j p_j=1$ 成立，则小波能量熵的计算公式为

$$W_{\mathrm{EE}}=-\sum_j p_j \lg p_j \tag{4-1}$$

（2）小波时间熵（WTE）。将信号划分成 L 个互不相交的部分，$\{Z_l=[s_{l-1},s_l],l=1,2,\cdots,L\}$，已知 $p^m(Z_l)$ 是由小波分解系数 $d_j(k)\in W(m;w,\delta)$ 降到 Z_l 部分的概率值。在小波分解的条件 j 下，小波时间熵的定义公式如下所述：

$$W_{\mathrm{TE}j}(m)=-\sum p^m(Z_l)\lg(p^m(Z_l)),m=1,2,\cdots,M \tag{4-2}$$

（3）小波奇异熵（WSE）。小波奇异熵的计算公式为

$$W_{\mathrm{SE}_k}=\sum_{i=1}^{k}\Delta p_i \tag{4-3}$$

其中，$\Delta p_i=-\left(\lambda_i/\sum_{j=1}^{l}\lambda_j\right)\lg\left(\lambda_i/\sum_{j=1}^{l}\lambda_j\right)$，表示 j 阶增量的小波奇异熵，功能在于描述信号频率成分及其分布特征。

（4）小波时频熵（WTFE）。小波时频熵基于信号的离散小波分解 $\mathrm{WT}_x(a=2^j,t=kT)$，计算公式如下：

$$\begin{cases} E_{\mathrm{WT}_x}(t=kT) = -\sum_j P_{\mathrm{WT}_j(a=2^j,t=kT)} \lg P_{\mathrm{WT}_j(a=2^j,t=kT)} \\ E_{\mathrm{WT}_x}(a=2^j) = -\sum_k P_{\mathrm{WT}_k(a=2^j,t=kT)} \lg P_{\mathrm{WT}_k(a=2^j,t=kT)} \end{cases} \tag{4-4}$$

其中，$P_{\mathrm{WT}_j(a=2^j,\ t=kT)} = |\mathrm{WT}_x|^2 / \sum_j |\mathrm{WT}_x|^2$，$P_{\mathrm{WT}_k(a=2^j,\ t=kT)} = |\mathrm{WT}_x|^2 / \sum_k |\mathrm{WT}_x|^2$

（5）小波平均熵（WAE）。在信号小波变换后，将跨越系统的时频域划分为 N 个时频区域，各区域内的能量是 $E_i(i=1,2,\cdots,N)$，总能量是 $E=\sum_{i=1}^{N} E_i$。假设 $P_i=E_i/E$ 成立，则 $\sum_{i=1}^{N} P_i = 1$，因此小波平均熵的计算公式如下：

$$W_{\mathrm{AE}} = -\sum_{i=1}^{N} P_i \lg P_i \tag{4-5}$$

以上5种小波熵的定义，描述了小波分解各维度中所分析信号的复杂度的统计特性。

4.3.2　有限变分的小波识别

小波域的主要工作是在小波变换后补充缺失的系数。在平稳状态条件下，全变分小波识别方法能够产生分段常数效应，从客观上提升信号的识别效果，并强化在信号边缘产生的阶梯效应。与全变分 $\int |\nabla u(\beta,\ x)| \mathrm{d}x$ 相比，2-范数 $\int |\nabla u(\beta,\ x)|^2 \mathrm{d}x$ 完全相反。

$$\int |\nabla u_1|^2 \mathrm{d}x > \int |\nabla u_2|^2 \mathrm{d}x > \int |\nabla u_3|^2 \mathrm{d}x \tag{4-6}$$

其各向同性扩散系数与沿梯度扩散系数比较符合，虽然不会产生阶梯效应，却会出现边缘模糊。基于这一情况，试图对小波域模型作一定改进，具体如下：

$$\min F(u,u_0) = \int \left[\tau |\nabla u(\beta,x)| + \frac{1}{2}(1-\tau) |\nabla u(\beta,x)|^2 \right] \mathrm{d}x + \sum \lambda_{i,k} (\beta_{j,k} - \alpha_{j,k})^2 \tag{4-7}$$

其中，j，$k \in D$，D 属于要识别的信号，且是调整总变分和2-范数比例的权重系数。

假设基波 $\varphi(x)$ 是有界的，且是紧支撑的（常用的，如Haar小波等，都符合此条件），并假设 u_D 是有界的，则公式（4-11）中的目标函数 $F(\beta_D)$ 满足：

（1）$F(\beta_D)$符合利普希茨连续；

（2）当$\beta_D \to \infty$时，$F(\beta_D) \to +\infty$成立。

则必须存在$\min F(\beta_D)$。

首先，考虑总变分情况。D表示被识别信号的区域下标。依据D定义了2个正交余子空间。

$$\begin{cases} V_D = \mathrm{span}\{\varphi_{j,k} \mid j,k \in D\} \\ U_D = \mathrm{closure}\{\varphi_{j,k} \mid j,k \notin D\} \end{cases} \tag{4-8}$$

Q_D和P_D分别表示正交余子空间V_D和U_D上的正交投影，则

$$Q_D + P_D = D \tag{4-9}$$

任何被识别的信号都可以分为

$$u = u_D + v_D = P_D u + Q_D u \tag{4-10}$$

令

$$\begin{cases} v_D = v_D(\beta_D, x) \\ \beta_D = \{\beta_{j,k} \mid (j,k) \in D\} \end{cases} \tag{4-11}$$

则函数$F(\beta_D)$可描述为

$$F_q(\beta_D) = \mathrm{TV}(u_D + v_D(\beta_D, x)) \tag{4-12}$$

在上述公式中，首先假设$\mathrm{TV}(\beta_D) = \mathrm{TV}(u_D + v_D(\beta_D, x))$，TV是全变分函数。如果基波$\varphi_{j,k}$是有界的，且是紧支撑的，且满足条件$j$，$k \in D$，则根据上述公式可得到以下公式：

$$\begin{aligned} &|F_q(\beta_D) - F_q(\beta'_D)| = |\mathrm{TV}(\beta_D) - \mathrm{TV}(\beta'_D)| \\ &\leqslant \mathrm{TV}(v_D(\beta_D, x) - v_D(\beta'_D, x)) \\ &= \mathrm{TV}(v_D(\beta_D - \beta'_D, x)) \leqslant \|\beta_D - \beta'_D\| \max \mathrm{TV}(\varphi_{j,k}) \end{aligned} \tag{4-13}$$

此外，如果$v_D = Q_D u$也是紧支撑的，满足：

$$\left(\int_{\mathbb{R}^2} |v_D|^2 \mathrm{d}x\right)^{\frac{1}{2}} \leqslant C \int_{\mathbb{R}^2} |\nabla v_D| \mathrm{d}x = C \cdot \mathrm{TV}(v_D) \tag{4-14}$$

其中，正数C的赋值与v_D无关，或等价于β_D，根据普通的正交小波基，可以得到以下公式：

$$\begin{aligned} F_q(\beta_D) &= \mathrm{TV}(u_D + v_D(\beta_D, x)) \geqslant \mathrm{TV}(v_D(\beta_D, x)) - \mathrm{TV}(u_D) \\ &\geqslant C^{-1} \|v_D\|_{L^2} - \mathrm{TV}(u_D) = C^{-1} \|\beta_D\|_{L^2} - \mathrm{TV}(u_D) \end{aligned} \tag{4-15}$$

从上面的公式可以看出，当$\beta_D \to \infty$时，$F_q(\beta_D) \to +\infty$成立，模型（4-11）中的2-范数可被扣除。论证结束。

假设 $\beta_D=\{\beta_{j,k}\,|\,j,k\in D\}$ 链异常区域中的小波系数被信号识别，所采用的有限差分解方法如下：

$$\begin{aligned}\frac{\partial F(\beta_D)}{\partial\beta_{j,k}}&=\int_{\mathbb{R}^2}\tau\frac{\nabla u}{|\nabla u|}\cdot\frac{\partial\,\nabla u(\beta,x)}{\partial\beta_{j,k}}+(1-\tau)\,\nabla u\cdot\frac{\partial\,\nabla u(\beta,x)}{\partial\beta_{j,k}}\mathrm{d}x+\lambda_{j,k}(\beta_{j,k}-\alpha_{j,k})\\&=\int_{\mathbb{R}^2}\tau\frac{\nabla u}{|\nabla u|}\cdot\nabla\varphi_{j,k}+(1-\tau)\,\nabla u\cdot\nabla\varphi_{j,k}\mathrm{d}x+\lambda_{j,k}(\beta_{j,k}-\alpha_{j,k})\end{aligned}\tag{4-16}$$

如果基波函数 φ 符合两个条件（1）和（2），那么就可从上述公式中的分部积分法中得到：

$$\frac{\partial F(\beta_D)}{\partial\beta_{j,k}}=\int_{\mathbb{R}^2}\tau\,\nabla\cdot\frac{\nabla u}{|\nabla u|}\cdot\varphi_{j,k}+(1-\tau)\,\nabla\cdot\nabla u\cdot\varphi_{j,k}\mathrm{d}x+\lambda_{j,k}(\beta_{j,k}-\alpha_{j,k})\tag{4-17}$$

为了简化公式表达，假设：

$$\begin{cases}D_1^+=u_{k+1,l}-u_{k,l}\,,D_2^+=u_{k,l+1}-u_{k,l}\\D_1^-=u_{k,l}-u_{k-1,l}\,,D_2^-=u_{k,l}-u_{k,l-1}\end{cases}\tag{4-18}$$

计算过程需要在小波域和信号域之间进行转换。首先进行信号域的计算，并对信号异常区的每一点进行计算：

$$\begin{aligned}cl_{i,j}=\tau[\,D_1^-\left(\frac{D_1^+u_{i,j}}{\sqrt{|D_1^+u_{i,j}|^2+|D_2^+u_{i,j}|^2+\varepsilon}}\right)+D_2^-\left(\frac{D_2^+u_{i,j}}{\sqrt{|D_1^+u_{i,j}|^2+|D_2^+u_{i,j}|^2+\varepsilon}}\right)+\\(1-\tau)\,[D_1^-D_1^+u_{i,j}+D_2^-D_2^+u_{i,j}]\end{aligned}\tag{4-19}$$

然后将信号域转换为小波基投影：

$$W_{cl}=FWT(cl)\tag{4-20}$$

关于改进算法的有限差分的计算步骤为：

步骤 1：计算初始化算法初始偏差。如果 $\beta_{j,k}^{\text{old}}=0$，计算参数 $i=1$。算法结束步骤为 N 步。初始化 $\beta_{j,k}^{\text{new}}=\alpha_{j,k}\chi_{j,k}$，则可得到算法初始偏差 $E=\|\beta^{\text{new}}-\beta^{\text{old}}\|_2$。

步骤 2：根据终止判据条件选择转到步骤 3 还是转到步骤 6。

步骤 3：假设 $\beta^{\text{old}}=\beta^{\text{new}}$，根据式（4-22），计算出链异常区域内信号域向小波基转换的投影。

步骤 4：更新各信号点(j,k)的小波系数：

$$\beta_{j,k}^{\text{new}}=\beta_{j,k}^{\text{old}}+\frac{\Delta t}{\Delta x}\gamma_{j,k} \tag{4-21}$$

其中

$$\gamma_{j,k}=\beta_{j,k}^{\text{TV}}-2\lambda(\beta_{j,k}-\alpha_{j,k})(1-\chi_{j,k}) \tag{4-22}$$

步骤 5：更新算法偏差 $E=\|\beta^{\text{new}}-\beta^{\text{old}}\|_2$，并假设 $i=i+1$ 成立，转到步骤 2。

步骤 6：终止条件满足，终止计算并输出信号识别后的波形参数 $\beta_D=\{\beta_{j,k}|j,k\in D\}$。

4.3.3　案例分析

选取以下形式的连续小波作为实验案例进行算法性能验证：

$$WT_f(\alpha,\tau)=\langle f(t),\psi_{\alpha,\tau}(t)\rangle=\frac{1}{\sqrt{\alpha}}\int_R f(t)\psi^*\left(\frac{t-\tau}{\alpha}\right)\mathrm{d}t \tag{4-23}$$

式（4-23）中，$WT_f(\alpha,\tau)$ 是变换系数，反映相似度。对位移 τ 和尺度 α 离散化，可得小波离散变换。

在图 4-2 中，对含噪声信号进行了实验分析。根据如图 4-2 所示的小波分解幅值结果对比情况可知，经过附加噪声后的信号相对于原始信号具有较大的差异，在采用心音小波、db5 小波、bior5.5 小波及本研究小波算法对其进行分解和信号提取后，均可一定程度地对噪声进行有效过滤，但是过滤性能存在较明显差异，其中采用本书所提方法所获得的过滤提取信号与原始信号最为接近［见图 4-2（c）］，而 bior5.5 小波的提取效果最差，与原始信号具有较大差异［见图 4-2（e）］。

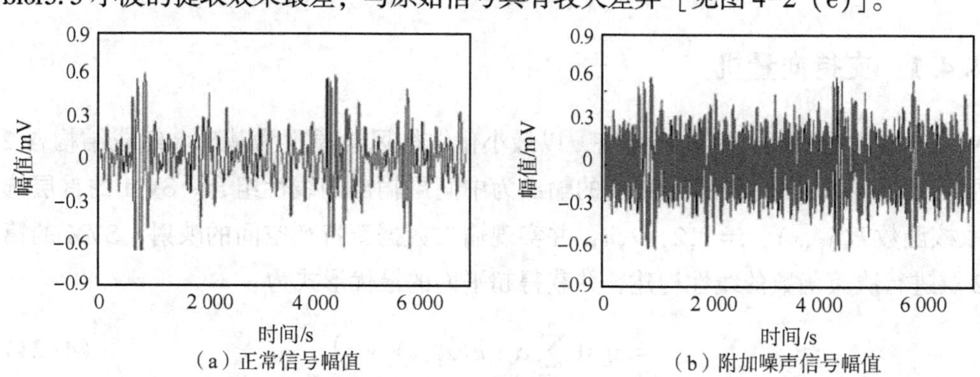

（a）正常信号幅值　（b）附加噪声信号幅值

图 4-2　幅值对比

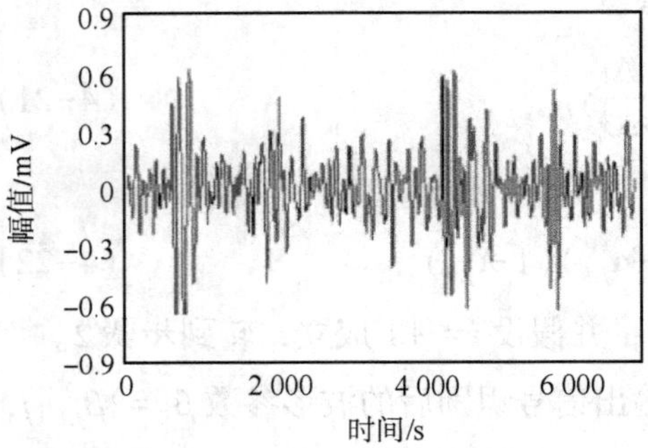

（c）本研究小波幅值

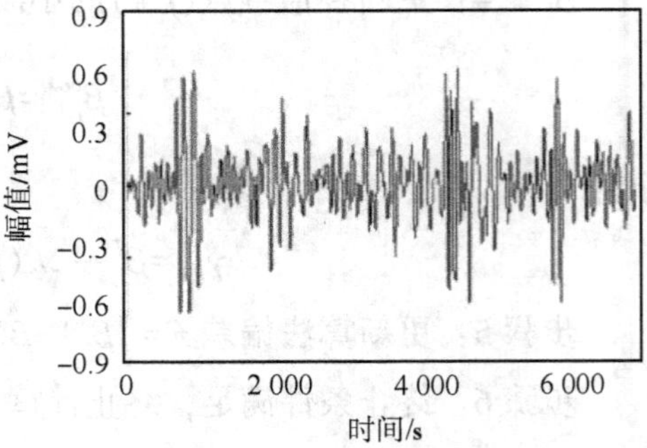

（d）心音小波幅值

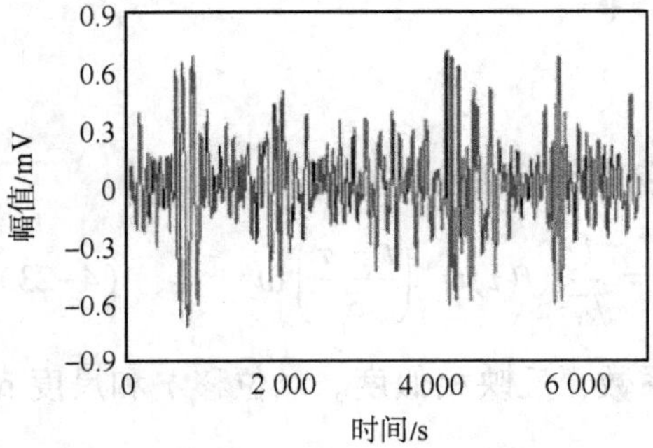

（e）db5小波幅值

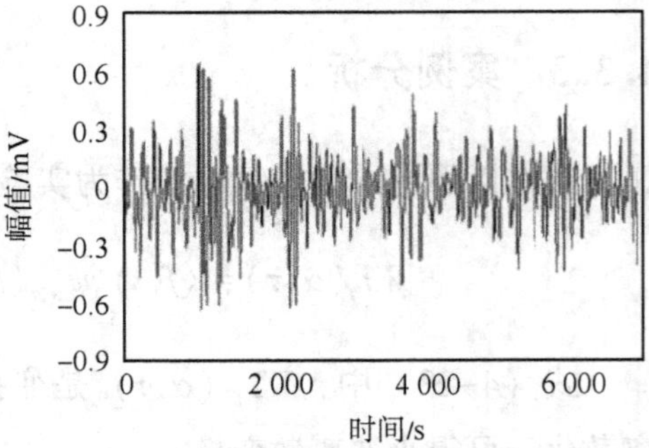

（f）bior5.5小波幅值

图 4-2　幅值对比（续）

4.4　基于有限变分小波 SVM 故障诊断

4.4.1　支持向量机

支持向量机类似于神经网络，以最小化结构风险原则为基础。组成结构含 2 层，如图 4-3（a）所示，SVM 的输出为中间层输出的线性组合。SVM 的首层选取核函数 $k(x_i,x)$，$i=1,2,\cdots,n$，并实现输入数据至特征空间的映射；SVM 的第 2 层进行决策函数的线性构建，并获得超平面的最优形式为

$$y=\operatorname{sgn}\left(\sum_{i=1}^{n}\alpha_i y_i k(x_i,x)+b\right) \tag{4-24}$$

其中，sgn( )为符号函数。

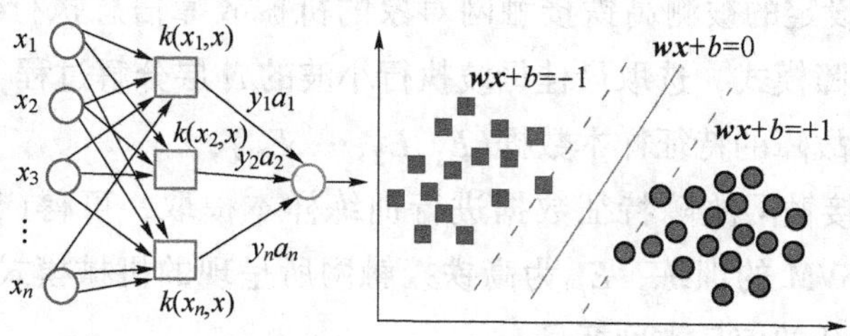

（a）SVM组织结构　　（b）最优超平面

图 4-3　SVM 及其最优超平面

设定样本数据集为(x_i,y_i)，$i=1,2,\cdots,n,x\in\mathbf{R}^d$，$y\in\{+1,-1\}$是该数据集内的类别标号，则所构造最优超平面形式为$\boldsymbol{w}k(x_i,\boldsymbol{x})+b=0$，$\boldsymbol{w}=\sum_{i=1}^{n}\alpha_i y_i k(x_i,\ \boldsymbol{x})$，如图 4-3（b）所示，$b$ 为偏置，$\boldsymbol{w}$ 为权向量，参数 α_i 优化计算形式为

$$\max Q(\alpha)=\sum_{i=1}^{n}\alpha_i-\frac{1}{2}\sum_{i=1}^{n}\alpha_i\alpha_j y_i y_j k(x_i,x_j) \tag{4-25}$$

式（4-25）所包含的约束为

$$\sum_{i=1}^{n}y_i\alpha_i=0,0\leqslant\alpha_i\leqslant C,i=1,2,\cdots,n$$

式（4-25）中，参数$\alpha=(\alpha_1,\cdots,\alpha_n)$表示拉格朗日算子，$k(x_i,x_j)$是 SVM 结构的核函数，$C$ 是 SVM 结构的惩罚因子，分类函数如下：

$$f(x)=\operatorname{sgn}\left(\sum_{i=1}^{n}\alpha_i y_i k(x_i,x)+b\right) \tag{4-26}$$

对于 k 分类问题，共需要构造 $k(k-1)/2$ 组不同的 SVM，在测试过程中采用投票方式进行采样判别，对于测试样本 x 的分类问题，在类别 i 和类别 j 间的分类判别过程中，如果 SVM 分类器判定 x 为类别 i，那么类别 i 的相应票数增加 1，否则类别 j 的相应票数增加 1，最后根据总得票数判定样本 x 的归属类别。

4.4.2　故障诊断流程

基于有限变分小波 SVM 的高铁接触网机械故障诊断方法包含以下过程：首先得到高铁接触网单个锚段的机械故障振动信息数据，然后利用振动信息数据所呈现的机械测度特征，按照最大化方式对母波进行选取，并对响应数据执行小波分解，获得最佳的机械故障状态特征，然后基于 SVM 算法实现对高铁接触网的故障诊断，如图 4-4 所示。该判别过程的主要步骤为：

步骤 1：对设定的被测高铁接触网对象的机械故障信息执行特征提取操作。对于所呈现的故障模式，选取最佳母波执行小波的 N 层分解过程，并将每层信号的能量作为机械故障的特征样本数据$(E_1,E_2,\cdots,E_N)$；

步骤 2：对接触网故障特征数据进行训练样本提取，可得$(E_{1i},E_{2i},\cdots,E_{Ni},y_i)$，并实现对 SVM 的训练，$E_{Ni}$为高铁接触网所呈现的机械模式 i 的特征向量，y_i 是上述机械特征的信息类别标号；

步骤 3：利用训练所获得的 SVM 分类器对测试高铁接触网故障样本特征执行故障诊断和分类。

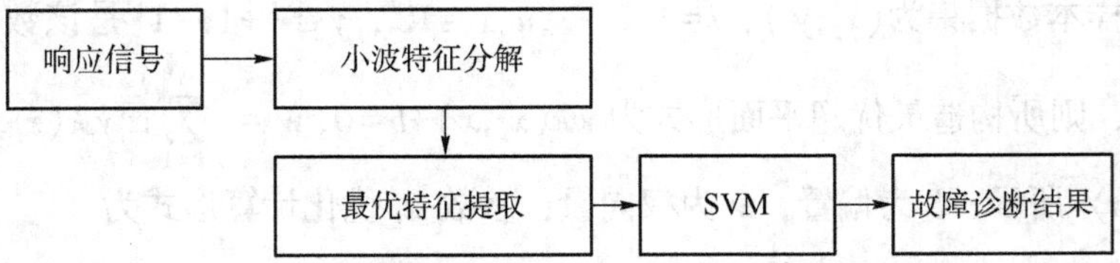

图 4-4　基于有限变分小波 SVM 的故障诊断流程

4.4.3　实验结果与分析

作为机械受力要求很高的供电设备，接触网包括接触线、承力索、吊弦、线夹、定位器、支杆电连接器、分段绝缘器等众多零部件。鉴于接触网的复杂性，要构建一个符合实际的接触网模型几乎是不可能的，为此，需要将次要的结构忽略掉，建立接触网振动相关的关键设备结构模型。图 4-5 为接触网单个锚段振动监测示意图，选择时速 300 km 接触网主要设备参数。通过分析受电弓和接触网的振动情况，在忽略一些次要结构和不重要参数的条件下，通过分析振动信号，分析弓网的振动对接触网系统故障的影响，这是振动监测方案的理论依据。

本研究所采用的数据是某高铁接触网补偿装置振动故障仿真数据，取一个接触网锚段的关键点振动监测数据，记录接触网补偿装置和跨度内接触网各关键位置的振动信号，包括悬挂装置、支撑装置、定位装置、补偿装置各部位横向、纵向、垂直方向的振动加速度，以及各部位 3 个方向上的振动位移，记录一个锚段内关键设备振动监测数据。

牵引供电接触网运行工况主要涉及悬挂装置异常、支持和定位装置异常、补偿装置异常及正常状态。针对每种工作状态，选取弓网在 50 km/h、100 km/h、

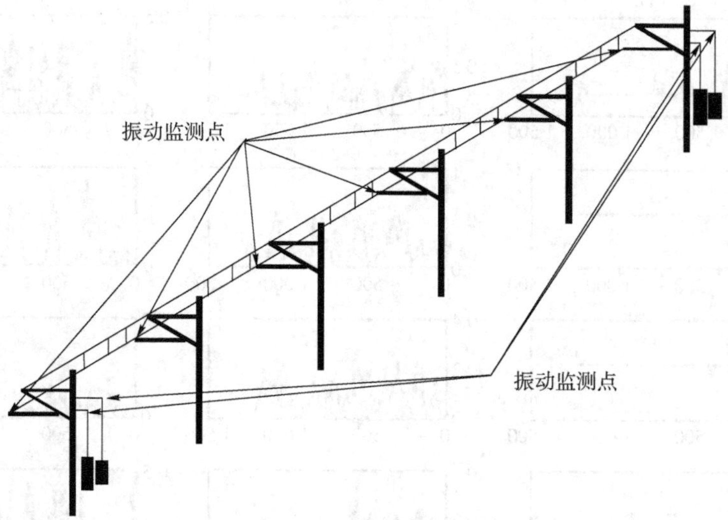

图4-5 接触网单个锚段振动监测示意图

150 km/h、200 km/h、250 km/h、300 km/h 速度等级下的弓网运动振动特点进行研究。通常情况下，接触网故障振动信号具有易变性、即时性等特征，这从客观上造成了信号分析无法形成统一性标准。综合考虑多种因素，最终选择了正交小波基 db4。之所以如此，是因为紧支撑和高正则性的时频使 db 小波具有更高的时频分辨率。通过信号的采样及特征频率基本可以将小波分解层数确定为4层。数据取自 300 km/h 速度下高速弓网振动引起的锚段内接触网的纵向位移信号，图4-6显示的是4种典型运行工况下单个锚段接触网的3种小波熵特征。

如图4-6所示，针对不同的单一小波熵特征，变动幅度是各不相同的，这从某种意义上体现了基于不同工况下的信号，其复杂程度是不一样的。对于高铁牵引供电单个锚段接触网整体故障振动信号而言，小波能量熵 WEE 的功能在于表征时频域和频域空间中牵引供电故障信号的振动能量分布。

分析过程中，在验证小波熵特征提取对接触网机械故障信号的有效性方面，识别特征数据是其中必不可少的步骤，此时便需要借助于支持向量机来辅助完成。另外，需要强调的是，最初获得的数据全部是处于单一故障状态下的仿真数据。当速度恒定在 300 km/h 时，分别选择4种不同的工作状态，对仿真数据进行收集。为实现分类，每一组数据都取自相同的工况和相同的位置，对数据进行分段处理，每段等同于一个样本。在分段处理后，单一故障可以派生出70个样本，在相同速度和相同位置工况下的4种故障中得到280个样本，向支持向量机

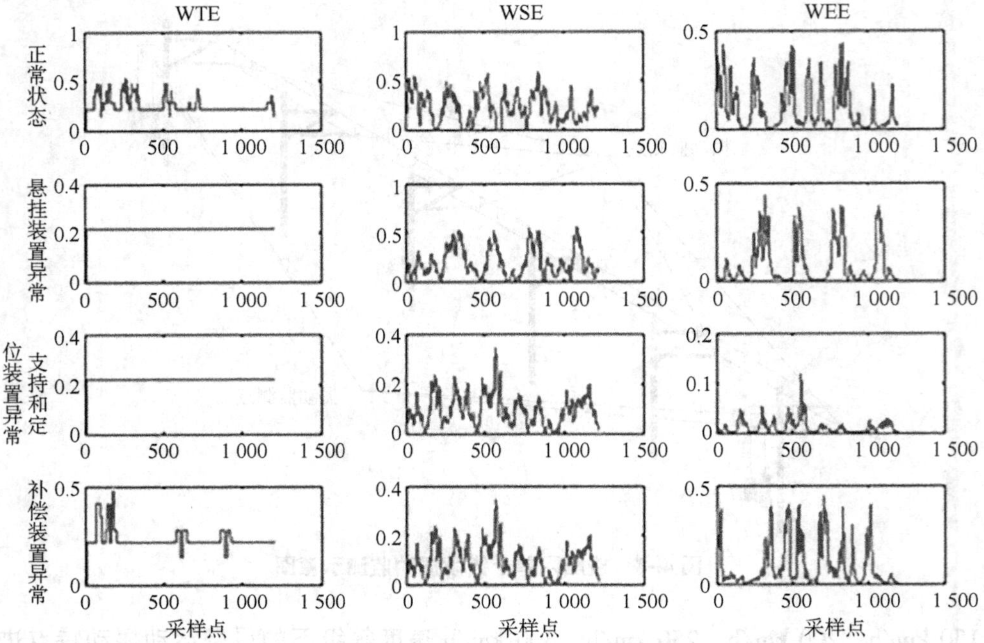

图 4-6　接触网运行 4 种典型工况下 3 种小波熵特征

输入从中分别提取的五维特征向量进行识别，其中 60%的随机选择样本被用作训练样本，其余 40%被用作测试样本。

图 4-7 是接触网单个锚段振动信号在不同位置的三维特征散布图，图中显示

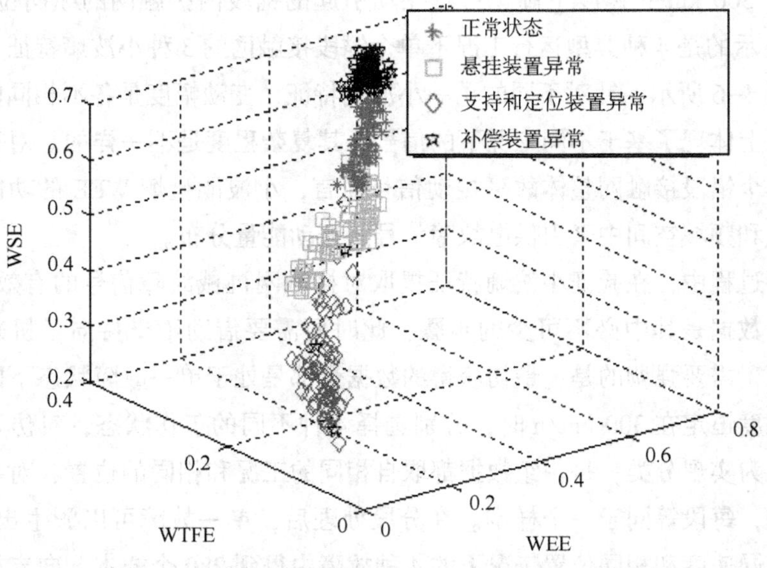

图 4-7　接触网单个锚段振动信号在不同位置的三维特征散布图

了 4 种工况下有一点重叠的二维小波熵特征，相同工况下的特征没有集中到一个大的含量。但对于具体的工作条件，某些特征有很好的区分度。通过选择五维小波熵特征形成高维特征时，就能得到满意的识别效果。此外，还对本书所提算法与传统小波能量特征提取方法进行比较，以此来验证系统特征提取方法的有效性。具体内容见表 4-1。

表 4-1　不同特征提取方法的识别率比较

故障识别率	50 km/h	100 km/h	150 km/h	200 km/h	250 km/h	300 km/h
传统的小波能量特征提取方法	33.8%	40.9%	71.3%	78.3%	82.1%	83.6%
本书所提算法	27.1%	39.1%	68.9%	82.6%	86.5%	97.3%

从表 4-1 中得到结论，与传统的小波能量特征提取方法相比，本书所提算法更容易获取处于中、高速条件下的故障识别率。从表 4-1 中看出，当速度为 300 km/h时，本书所提算法得到的识别率为 97.3%，这是令人满意的。不难得出结论，速度越快，牵引供电接触网系统的振动信号的工作状态识别规律越好，系统故障特征越明显，这意味着接触网机械系统所受到的影响越大，最终得出的结论越符合机械运动实际情况。

4.5　小结

实际中，接触网按锚段进行机械分段，对单个锚段进行故障状态检测，一方面可以缩小事故范围，即当某一个锚段发生事故时，可以通过行车调度，使机车降弓通过故障锚段，避免造成接触网断线故障或其他严重的次生行车故障；另一方面也便于快速定位故障区段，开展有针对性的设备维修。本章提出了基于有限变分小波的单个锚段接触网故障分析方法，并在小波熵的相对指数定义的基础上，提出了基于有限变分的小波分解改进形式，从而提高了小波信号的识别效果。选择高铁接触网的典型故障振动信号进行小波分解，之后提取各子带小波熵特征，用以反映各维度振动信号的复杂程度。借助于支持向量机，实现了对小波分解信号的分类识别，并就其中所涉及的方法进行了有效性验证，结果显示本书所提算法具有较高的故障检测识别性能。

第 5 章

基于磨损分析的高铁受电弓滑板状态维修决策优化研究

5.1 引言

接触网-受电弓系统通过接触点尤其是接触力连接，是由两个振动分系统组成的系统。为提高接触网-受电弓系统的运行可靠性水平，仅改善一个分系统是不够的，两个分系统必须相互协调。高速铁路运行速度高，行车密度大，接触网和受电弓振动摩擦剧烈，造成受电弓滑板设备磨损情况严重。磨损是高速铁路弓网设备运行面临的重要问题之一，磨损造成设备失效引发供电中断的弓网故障时有发生，后果严重，必须采取预防维修的手段在设备失效前进行维修或更换。从微观层面分析，受电弓滑板设备运行时间、产品质量、使用环境和载荷等因素都会影响磨损量的大小，所以很难获得通用的计算公式。另外，磨损失效是一种渐变的故障，其发展过程带有显著性，因此需要研究这一发展过程，得出受电弓滑板磨损量变化的规律，然后对设备进行预防维修的工作。因此，针对受电弓滑动取流特点，着手建立实用、方便的滑板设备磨损维修决策优化模型是很有必要的。

5.2　磨损问题计算模型

5.2.1　磨损过程描述

通过观察如图 5-1 所示的 3 个阶段：剧烈磨损、正常磨损和初期磨损，可以了解机械设备的一般磨损过程。伴随着服役时间的延长，磨损量在设备上的表现越来越多，加大了设备接合部之间的空隙，这表明磨损具有连续性。设备的失效和故障就是设备的允许磨损量被实际磨损量超过的后果。所以，针对设备的磨损劣化，要及时采取针对设备故障的修复手段，最好是在设备部件的磨损量接近允许磨损量的情况下及时更换和维修磨损部件，这样可以更有效地防止故障发生，同时适当延长设备的使用寿命。

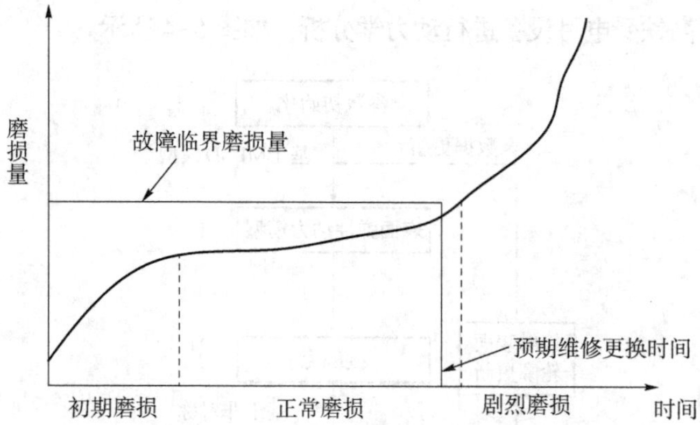

图 5-1　机械部件磨损量变化示意图

大多数情况下，机械设备部件的磨损寿命和磨损量都不是确定的。同一类型的机械部件，即使工作条件相同，伴随部件工作时间的增加，离散性的差别也逐渐明显，它们的磨损量也是不同的，具体情况可以参考图 5-2。所以，需要参考更多的数据资料去确定机械部件的允许磨损量。

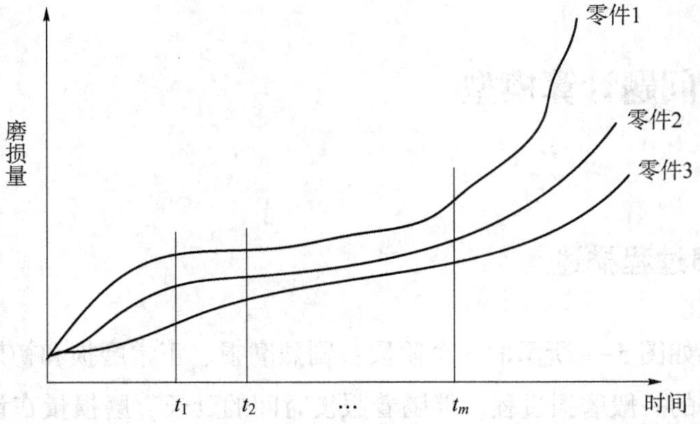

图 5-2 机械部件磨损量的离散差别示意图

5.2.2 考虑刚度系数下的磨损动力学

考虑高铁受电弓滑板接触面材料刚度系数的接触面磨损动态计算流程如图 5-3 所示，这里采用不考虑质量的无质量杆弹簧阻尼组合（massless-link spring-damper，MLSD）模型对高铁受电弓设备进行动力学分析，如图 5-4 所示。

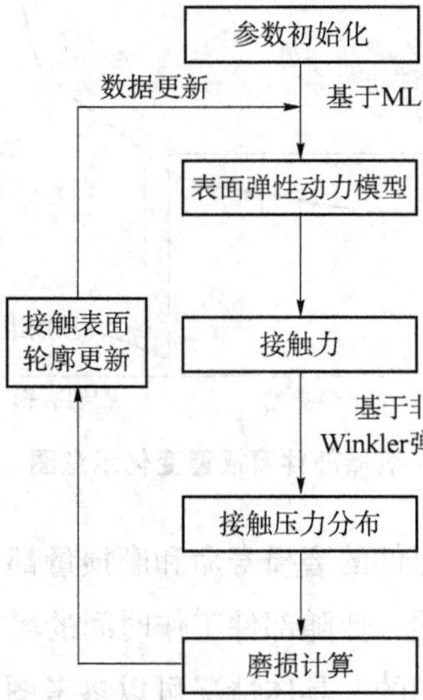

图 5-3 受电弓滑板接触面动态磨损动态计算过程

采用 MLSD 模型进行计算的相关参数有：连杆和滑块间隙 ξ、无质量杆径向刚度 k，径向阻尼 μ，与水平方向夹角 γ。为确保高速弓网在运行过程中受电过程不

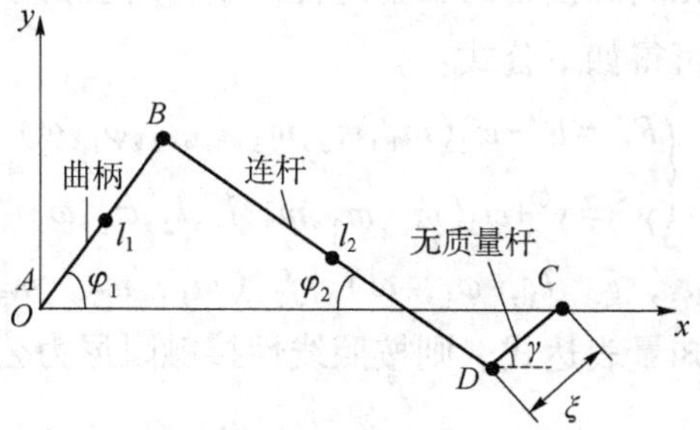

图 5-4　接触网-受电弓 MLSD 动力学模型

间断，受电设备需要始终与接触线相接触，其弹性参数设定为 k_{sp}。假设受力杆处于匀速状态，且其间隙初值为 e，角速度为 ω。那么可得高铁接触网受电设备的位置限制如下：

$$\begin{cases} l_1\cos\varphi_1+l_2\cos\varphi_2+\xi\cos\gamma=x_3 \\ l_1\sin\varphi_1-l_2\sin\varphi_2+\xi\sin\gamma=0 \end{cases} \tag{5-1}$$

其中，l_1 为 AB 段长度，l_2 为 BD 段长度，x_3 为 AB、BD、CD 段在 x 轴上投影长度之和。

其约束方程形式如下：

$$\begin{cases} F_x=F_{k_{sp}}-m_3\ddot{x}_3 \\ F_y l_2\sin\varphi_2+F_x l_2\cos\varphi_2-\dfrac{1}{2}m_2 l_2[(g+\ddot{y}_2)\cos\varphi_2+x_2\sin\varphi_2]=0 \end{cases} \tag{5-2}$$

其中，m_3 为 CD 段质量，F_x 为 x 轴受力分量，F_y 为 y 轴受力分量，x_2 为 BD 段在 x 轴上的投影。

对于受电设备的间隙杆 CD，可得如下受力公式：

$$F_{\mathrm{N}}=k(\xi-e)+\mu\dot{\xi} \tag{5-3}$$

采取摄动法对上述参数 φ_2、γ、x_3、F_{N} 进行修正，形式如下：

$$\begin{cases} \varphi_2^*=\varphi_2^0+a\varphi_2^1+a^2\varphi_2^{2+}a^3\varphi_2^3+\cdots \\ \gamma^*=\gamma^0+a\gamma^1+a^2\gamma^2+a^3\gamma^3+\cdots \\ x_3^*=x_3^0+ax_3^1+a^2x_3^2+a^3x_3^3+\cdots \\ F_{\mathrm{N}}^*=F_{\mathrm{N}}^0+aF_{\mathrm{N}}^1+a^2F_{\mathrm{N}}^2+a^3F_{\mathrm{N}}^3+\cdots \end{cases} \tag{5-4}$$

其中，a 是修正过程的校正因子，一般设定在 $10^{-4}\sim10^{-5}$ m 取值区间内，那么可认定为 $e=a$ 是恒定值。把式（5-4）所示的修正参数代入式（5-1）和式（5-2）

中，并结合高铁标称无间隙设备的求解过程，获得对应的动力数值，该数值为理想数据，对其修正后可得如下公式：

$$\begin{cases} F_N^* = F_N^0 + ef_1(m_1, m_2, m_3, l_1, l_2, \varphi_1, \omega) \\ \gamma^* = \gamma^0 + ef_2(m_1, m_2, m_3, l_1, l_2, \varphi_1, \omega) \end{cases} \tag{5-5}$$

其中，f_1（m_1，m_2，m_3，l_l，l_2，φ_1，ω），f_2（m_1，m_2，m_3，l_l，l_2，φ_1，ω）是上述高铁受电设备已知量表达式。则按照线性接触阻尼力公式，可计算如下：

$$\begin{cases} \xi = e + \dfrac{F_N^*}{k} - \dfrac{\mu}{k}\dot{\xi}, \dot{\xi} = \dfrac{\dot{F}_N^*}{k} - \dfrac{\mu}{k}\xi \\ \ddot{\xi} = \dfrac{\ddot{F}_N^*}{k} - \dfrac{\mu}{k}\dddot{\xi}, \dddot{\xi} = \dfrac{\dddot{F}_N^*}{k} - \dfrac{\mu}{k}\xi^{(4)} \\ \vdots \\ \xi^{(N)} = \dfrac{F_N^{*(n)}}{k} - \dfrac{\mu}{k}\xi^{(n+1)} \end{cases} \tag{5-6}$$

对 $\dot{\xi}$、$\ddot{\xi}$ 和 $\dddot{\xi}$ 分别进行迭代求解，并对 F_N^* 三阶以上的高阶导数项进行忽略操作，可得如下计算形式：

$$\begin{cases} \xi = e + \dfrac{F_N^*}{k} - \dfrac{\mu}{k^2}F_N^* + \dfrac{\mu^2}{j^3}F_N^* \\ \dot{\xi} = \dfrac{\dot{F}_N^*}{k} - \dfrac{\mu}{k^2}\ddot{F}_N^*, \ddot{\xi} = \dfrac{F_N^*}{k} \end{cases} \tag{5-7}$$

然后将迭代更新后的 γ^*、ξ 数值分别代入式（5-1）和式（5-2）中，可计算获得接触表面受力 F_N 及其方向角 γ 的更新取值。

5.2.3　磨损计算

基于 Winkler 弹性模型对弓网接触问题进行离散化处理，该计算模型利用弹簧接触形变对接触压力进行表示，利用该离散化模型的计算精度要高于基于 Hertz 理论的分析结果，且计算效率更高。基于 Winkler 弹性模型的形变对接触压力影响可表示为

$$p_i = \frac{E_w}{L_i}\delta_i \tag{5-8}$$

其中，δ_i 是受电设备的法向弹性形变，p_i 是受电设备的接触力，E_w 是弹性复合

模量，L_i 是受电设备厚度。则可得外载荷计算数值为

$$F_{\text{total}} = \sum_{i=1}^{n} p_i A_i \cos \beta_i \tag{5-9}$$

其中，β_i 是 F_N 与弹簧 i 之间的受力角度，A_i 是弹簧 i 位置的接触面积大小，n 是弹簧总数量。那么根据 Archard 理论可得磨损计算公式为

$$V=K\frac{Fs}{H} \tag{5-10}$$

其中，H 是受电接触面的布氏硬度，K 是磨损因子，V 是磨损体积，F 是法向载荷，s 是滑移相对位置。一般在工程中，忽略接触面的法向磨损侵入度，则通过对接触面取微分，可得以下磨损深度计算公式：

$$h=\frac{K}{H}ps \tag{5-11}$$

其中，p 是受电设备的面接触力，h 是受电设备着力面的法向磨损度。在对磨损度进行计算时，可将磨损分为不同的过程，进而通过累加计算获得法向磨损的侵入深度。对式（5-11）取时间微分可得如下计算公式：

$$\begin{cases} \mathrm{d}h_i = K_d p_i \mathrm{d}s_i \\ h_{i+1} = \sum_{i=1}^{n} (\mathrm{d}h_i + \mathrm{d}h_{i+1}) \end{cases} \tag{5-12}$$

其中，K_d 是受电面磨损因子，$\mathrm{d}h_i$ 是单步离散的磨损量计算值，该值很小，对接触轮廓影响很小，则基于加速因子 M，将单步离散的磨损深度进行放大，可得：

$$h_{i+1}=h_{x-M+1}+Mh_x=h_{x-M+1}+MK_d p_i \mathrm{d}s_i \tag{5-13}$$

5.3　基于卷积神经网络的磨损量预测

5.3.1　卷积神经网络

标准的卷积神经网络（convolutional neural network，CNN）是特殊情况下的前向深层神经网络，其结构包含输入层、输出层、全连接层及多组的池化层和卷积层，池化层和卷积层可视为特殊结构的隐含层。卷积神经网络基本运算可定义如下：

假定 $\boldsymbol{A}$ 与 $\boldsymbol{B}$ 是数据矩阵，矩阵尺寸分别是 $M\times N$ 与 $m\times n$，并且满足 $M\geqslant m$，$N\geqslant n$，那么可得内卷积 $C=\boldsymbol{A} \circledast \boldsymbol{B}$ 形式为

$$c_{ij} = \sum_{s=l}^{m} \sum_{t=1}^{n} (a_{i+m-s,j+n-t} \cdot b_{st}) \tag{5-14}$$

其中，$1\leqslant i\leqslant M-m+1$，$1\leqslant j\leqslant N-n+1$。同时，外卷积计算形式为

$$\boldsymbol{A}\,\widehat{*}\,\boldsymbol{B}=\widehat{\boldsymbol{A}}_B\,\check{*}\,\boldsymbol{B} \tag{5-15}$$

其中，$\widehat{\boldsymbol{A}}_B=(\widehat{a}_{ij})$ 是对 $\boldsymbol{A}$ 扩充后所得矩阵，扩充元素为 0，扩充后的矩阵尺寸为$(M+2m-2)\times(N+2n-2)$，那么可得 $m\leqslant i\leqslant M+m-1$ 和 $n\leqslant j\leqslant N+n-1$ 约束下：

$$\widehat{a}_{ij}=a_{i-m+1,j-n+1} \tag{5-16}$$

否则，$\widehat{a}_{ij}=0$。若在不重叠情况下对矩阵 $\boldsymbol{A}$ 分块，可得矩阵块大小是 $\boldsymbol{\lambda}\times\boldsymbol{\tau}$，块 ij 数据矩阵 $\boldsymbol{G}^{\boldsymbol{A}}_{\lambda,\tau}(i,j)$ 可构造为

$$\boldsymbol{G}^{\boldsymbol{A}}_{\lambda,\tau}(i,j)=(a_{st})_{\lambda\times\tau} \tag{5-17}$$

其中，$(i-1)\times\lambda+1\leqslant s\leqslant i\times\lambda$，$(j-1)\times\tau+1\leqslant t\leqslant j\times\tau$。则块 ij 数据矩阵 $\boldsymbol{G}^{\boldsymbol{A}}_{\lambda,\tau}(i,j)$ 下采样形式为

$$\mathrm{down}(\boldsymbol{G}^{\boldsymbol{A}}_{\lambda,\tau}(i,j))=\frac{1}{\boldsymbol{\lambda}\times\boldsymbol{\tau}}\sum_{s=(i-l)\times\lambda+1}^{i\times\lambda}\ \sum_{t=(j-1)\times\tau+1}^{j\times\tau}a_{st} \tag{5-18}$$

大小为 $\boldsymbol{\lambda}\times\boldsymbol{\tau}$ 的矩阵 $\boldsymbol{A}$ 不重叠块下采样过程为

$$\mathrm{down}_{\lambda,\tau}(\boldsymbol{A})=\mathrm{down}(\boldsymbol{G}^{\boldsymbol{A}}_{\lambda,\tau}(i,j)) \tag{5-19}$$

同时，大小为 $\boldsymbol{\lambda}\times\boldsymbol{\tau}$ 的矩阵 $\boldsymbol{A}$ 不重叠块下采样过程为

$$\mathrm{up}_{\lambda\times\tau}(\boldsymbol{A})=\boldsymbol{A}\otimes\mathbf{1}_{\lambda\times\tau} \tag{5-20}$$

其中，$\otimes$表示克罗内克积，$\mathbf{1}_{\lambda\times\tau}$ 表示全 1 元素矩阵。

5.3.2 超链接卷积神经网络

标准卷积神经网络存在的问题是无法有效对高层特征与低层特征融合进行有效处理，所构建分类器的使用效果不理想。对此这里引入超越连接思路构建超链接卷积神经网络计算模型，其包含输入层 x、卷积层(h_1,h_3,h_5)、池化层(h_2,h_4,h_6)、全连接层 h_7 和输出层 o，具体结构如图 5-5 所示。

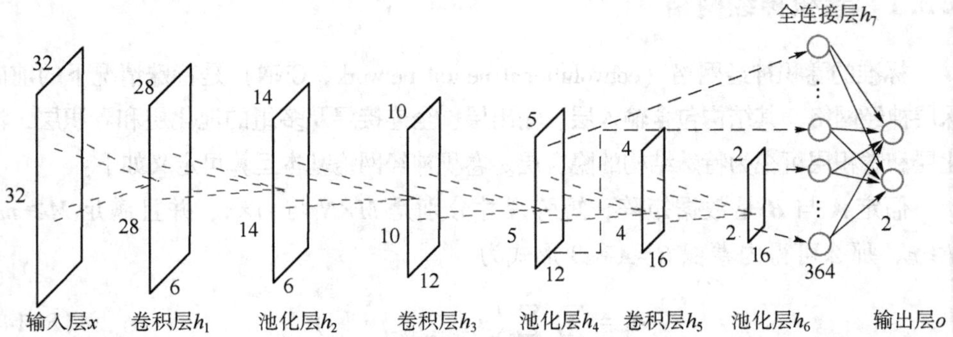

图 5-5 超链接卷积神经网络

如图 5-5 所示网络结构，首先以数据矩阵作为卷积神经网络的输入，然后基于 3 组混合池化层和卷积层结构对数据矩阵的特征进行提取，然后把 2 组池化层 (h_4, h_6) 所获得的数据特征传输至全连接层分类处理。超链接卷积神经网络的输出层共含有 2 组节点，分别表示故障信号的类别。在该超链接卷积神经网络中，池化层 h_4 与全连接层 h_7 间间隔了 2 层结构，因此称其为超越连接方式。与此同时，全连接层 h_7 所包含的节点数量 (n_{h_7}) 为网络第 4 和第 6 隐含层节点的总和，即 $n_{h_7}=n_{h_4}+n_{h_6}$。表 5-1 给出了超链接卷积神经网络模型的有关参数描述，包括超链接卷积神经网络的各层类型、步长、卷积核的尺寸及各层的输出尺寸。

表 5-1　模型具体描述

卷积层序号	各层类型	尺寸	步长	输出尺寸
1	输入层			32×32
2	卷积层	5×5	1	28×28×6
3	池化层	2×2	2	14×14×6
4	卷积层	5×5	1	10×10×12
5	池化层	2×2	2	5×5×12
6	卷积层	2×2	1	4×4×16
7	池化层	2×2	2	2×2×16
8	全连接层			364
9	输出层			2

对于样本 x^l，超链接卷积神经网络的参数计算过程如下：

$$\begin{cases} h_{1,j}^l = \sigma(u_{1,j}^l) = \sigma(x^l \circledast W^{1,j} + b^{1,j}), & 1 \leqslant j \leqslant 6 \\ h_{2,j}^l = g(u_{2,j}^l) = g(\mathrm{down}_{\lambda,\tau}(h_{1,j}^l)), & 1 \leqslant j \leqslant 6 \\ h_{3,j}^l = \sigma(u_{3,j}^l) = \sigma\left(\sum_{i=1}^{6} h_{2,j}^l \circledast W^{3,j} + b^{3,j}\right), & 1 \leqslant j \leqslant 12 \\ h_{4,j}^l = g(u_{4,j}^l) = g(\mathrm{down}_{\lambda,\tau}(h_{3,j}^l)), & 1 \leqslant j \leqslant 12 \\ h_{5,j}^l = \sigma(u_{5,j}^l) = \sigma\left(\sum_{i=1}^{12} h_{4,j}^l \circledast W^{5,j} + b^{5,j}\right), & 1 \leqslant j \leqslant 16 \\ h_{6,j}^l = g(u_{6,j}^l) = g(\mathrm{down}_{\lambda,\tau}(h_{5,j}^l)), & 1 \leqslant j \leqslant 16 \\ H_7^l = (h_{4,(1,2,\cdots,12)}^l h_{6,(1,2,\cdots,16)}^l) \\ o_8^l = \sigma(u_8^l) = \sigma(W^8 H_7^l + b^8) \end{cases} \tag{5-21}$$

其中，函数 $\sigma(x)=1/(1+e^{-x})$，$g(x)=x$，$\mathrm{down}_{\lambda,\tau}(\cdot)$是超链接卷积神经网络的下采样过程，窗口尺寸是 $\lambda\times\tau$。H_7^l 是隐含层 7 输出，$W^{c,j}$、$b^{c,j}$分别是隐含层 c 的卷积核 j 及其偏置，$h_{c,j}^l$是隐含层 c 的卷积面 j（池化面），o_8^l 是最终输出值，W^8、b^8 分别是输出权值及其对应偏置。

设计所提超链接卷积神经网络算法的反向学习过程，对于 N 个样本(x^l,y^l) $(1\leqslant l\leqslant N)$，超链接卷积神经网络的输入为 $\boldsymbol{x}^l=(x_1^l,x_2^l,\cdots,x_m^l)^{\mathrm{T}}$，实际输出为 $\boldsymbol{o}^l=(o_1^l,o_2^l,\cdots,o_c^l)^{\mathrm{T}}$，输出期望为 $\boldsymbol{y}^l=(y_1^l,y_2^l,\cdots,y_c^l)^{\mathrm{T}}$，那么可得目标优化为样本数据的均方误差，可定义为：

$$L_N=\frac{1}{2}\sum_{l=1}^{N}\sum_{n=1}^{c}(o_n^l-y_n^l)^2 \tag{5-22}$$

首先，对超链接卷积神经网络每层的反馈误差 $\delta_k(1\leqslant k\leqslant 8)$进行计算，其中隐含层 4 的反馈误差 $\delta_{4,j}(1\leqslant j\leqslant 12)$，因涉及隐含层 h_5 和隐含层 h_7，其值为两隐含层的反馈误差之和，其余层反馈误差计算过程同标准 CNN，不再赘述。则超链接卷积神经网络每层反馈误差可构成如下矩阵：

$$\begin{cases}
\delta_8^l=(\boldsymbol{o}^l-\boldsymbol{y}^l)\circ\boldsymbol{\sigma}'(u_8^l) \\
\delta_7^l=[(W^8)T\delta_8^l]\circ H_7^l\circ(1-H_7^l) \\
\delta_6^l=(\delta_{41,1}^l,\delta_{41,2}^l,\cdots,\delta_{41,12}^l,\delta_{6,1}^l,\delta_{6,2}^l,\cdots,\delta_{6,16}^l) \\
\delta_{5,j}^l=\dfrac{1}{\lambda\times\tau}(\sigma'(u_{5,j}^l)\circ\mathrm{up}_{\lambda\times\tau}(\delta_{6,j}^l)), & 1\leqslant j\leqslant 16 \\
\delta_{42,j}^l=[\delta_{5,j}^l\ \widehat{*}\ W^{5,j}]\circ g'(u_{4,j}^l), & 1\leqslant j\leqslant 12 \\
\delta_{4,j}=(\delta_{41,j}+\delta_{42,j}), & 1\leqslant j\leqslant 12 \\
\delta_{3,j}^l=\dfrac{1}{\lambda\times\tau}(\sigma'(u_{3,j}^l)\circ\mathrm{up}_{\lambda\times\tau}(\delta_{4,j}^l)), & 1\leqslant j\leqslant 12 \\
\delta_{2,j}^l=\delta_{3,j}^l\ \widehat{*}\ W^{3,j}\circ g'(u_{2,j}^l), & 1\leqslant j\leqslant 6 \\
\delta_{1,j}^l=\dfrac{1}{\lambda\times\tau}(\sigma'(u_{1,j}^l)\circ\mathrm{up}_{\lambda\times\tau}(\delta_{2,j}^l)), & 1\leqslant j\leqslant 6
\end{cases} \tag{5-23}$$

其中，符号$\circ$ 为矩阵元素乘，$\mathrm{up}_{\lambda\times\tau}(\cdot)$为上采样构成。$\delta_7^l$ 为隐含层 7 反馈误差，δ_8^l 为输出层反馈误差，$\delta_{6,j}^l$为隐含层 6 的池化面 j 反馈误差，与 $\delta_{5,j}^l$定义类似，$\delta_{41,j}^l$为隐含层 7 传递至隐含层 4 的池化面 j 的反馈误差，其余参数参照上述定义。在计算得到每层反馈误差后，可得偏置及权值偏导数计算形式为

$$
\begin{cases}
\dfrac{\partial L_N}{\partial W^8} = \sum\limits_{l=1}^{N} \delta_8^l (H_7^l)^{\mathrm{T}}, \dfrac{\partial L_N}{\partial b^8} = \sum\limits_{l=1}^{N} \delta_8^l \\
\dfrac{\partial L_N}{\partial W^{5,j}} = \sum\limits_{l=1}^{N} h_{4,j}^l \circledast \delta_{5,j}^l, \dfrac{\partial L_N}{\partial b^{5,j}} = \sum\limits_{l=1}^{N} \delta_{5,j}^l, \quad 1 \leqslant j \leqslant 16 \\
\dfrac{\partial L_N}{\partial W^{3,j}} = \sum\limits_{l=1}^{N} h_{2,j}^l \circledast \delta_{3,j}^l, \dfrac{\partial L_N}{\partial b^{3,j}} = \sum\limits_{l=1}^{N} \delta_{3,j}^l, \quad 1 \leqslant j \leqslant 12 \\
\dfrac{\partial L_N}{\partial W^{1,j}} = \sum\limits_{l=1}^{N} x^l \circledast \delta_{1,j}^l, \dfrac{\partial L_N}{\partial b^{1,j}} = \sum\limits_{l=1}^{N} \delta_{1,j}^l, \quad 1 \leqslant j \leqslant 6
\end{cases}
\tag{5-24}
$$

其中，$\dfrac{\partial L_N}{\partial W^8}$为目标对权值 W^8 偏导数，$\dfrac{\partial L_N}{\partial b^8}$为目标对偏置 b^8 偏导数，其他参数定义同上。基于梯度下降过程对超链接卷积神经网络进行权值及偏置更新，过程如下：

输入：训练数据集 $S=\{(x^l,y^l),1\leqslant l\leqslant N\}$，最大迭代次数 maxep；

（1）对网络的权值偏置进行随机初始化；

（2）for $ep=1$ to maxep do

（3）for $l=1$ to N do

（4）对每个样本输入数据的实际输出进行计算；

（5）对每层反馈误差 δ_8^l，δ_7^l，$\delta_{5,j}^l(1\leqslant j\leqslant 16)$，$\delta_{4,j}^l(1\leqslant j\leqslant 12)$，$\delta_{3,j}^l(1\leqslant j\leqslant 12)$，$\delta_{2,j}^l(1\leqslant j\leqslant 12)$，$\delta_{1,j}^l(1\leqslant j\leqslant 12)$进行计算；

（6）对权值、偏置偏导数分别进行计算；

（7）基于梯度下降对网络的权值和偏置进行更新；

（8）endfor

（9）endfor

输出：超链接卷积神经网络权值和偏置。

5.3.3　最优磨损量的确定

在利用超链接卷积神经网络实现了磨损量预测后，最佳修复时机的确定就是制定维修决策的关键点。参考已有的相关模型，大部分随机变量是运行时间 t，然后遵循成本最低、可用度最大这些基本原则，进行决策模型的基本构建。借助于这一方法得出固定的修复周期，虽然便于制定修复作业的计划表，但是对解决运行中的实际故障却存在维修不足或维修过剩问题。因为生产实践中的机械部件磨损过程具有显著的不确定性，这是由于设备的生产条件和设备部件运行的稳定程度都会影响机械部件的磨损程度。此外，同样具有不确定性的还有零部件的使用寿命，这些因素都导致通过传统定期维修求出来的确定修复周期缺少实用性。考虑部件实际磨损量超过允许磨损量是磨损失效或者故障的原因，只要设备的这一零部件的磨损量无限接近或者已经超过了允许磨损量，那么这个设备发生故障的概率就会增加。通过以上分析，可以把零部件磨损量设为 x，这是一个随机变量，以修复费用最低为优化目标，可以确定出最优磨损量 x^*，然后确定修复最佳时机的相关维修决策。

根据上述方法，可以假定下列几种情况：

（1）与修复周期比较，小修时间可以忽略不计；

（2）在修复周期里出现的故障可以采用小修，但是小修不会影响设备的故障率，只是确保设备可以继续工作。

图 5-6 为机械部件的磨损量与初始尺寸的关系。实际磨损数值用 x 表示，允许磨损数值则用 δ 表示。同时，l_0表示初始标明厚度量值，$\delta \sim \mathrm{N}(\delta_0, \sigma_\delta^2)$ 为允许磨损数值 δ 的分布形式。在此基础上，通过统计与分析采集得到的磨损数据，便能够得到分布参数 δ_0 与 σ_δ。

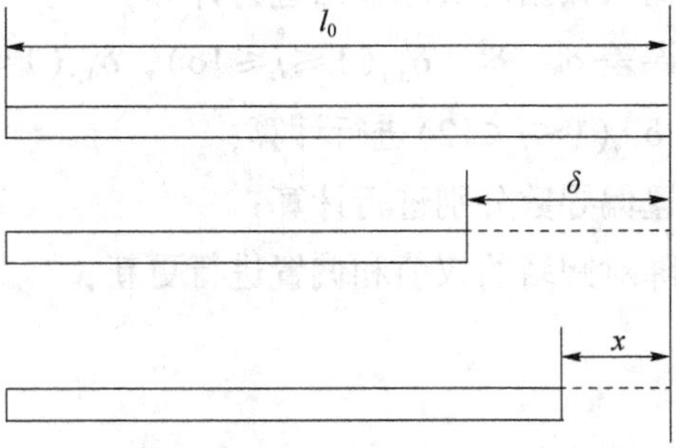

图 5-6　机械部件的磨损量与初始尺寸的关系

那么

$$p(\delta_0 - x > 0) = R(x) = \int_x^{+\infty} \frac{1}{\sqrt{2\pi}\sigma_\delta} \exp\left(-\frac{(\delta_0 - x)^2}{2\sigma_\delta^2}\right) \mathrm{d}t = \Phi\left(\frac{\delta_0 - x}{\sigma_\delta}\right) = \Phi(z) \tag{5-25}$$

其中，$\Phi(z)$ 是标准正态分布函数，所以表达故障率的函数式为

$$\lambda(x)=-\frac{R'(x)}{R(x)}=-\frac{\Phi'\left(\frac{\delta_0-x}{\sigma_\delta}\right)}{\Phi\left(\frac{\delta_0-x}{\sigma_\delta}\right)} \tag{5-26}$$

假定 c_1 是在维修期间 T 内的预防修复费用，c_2 是在维修期间 T 内的小修故障费用，当磨损量 x 达到小修的期望值时用 $N(x)$ 表示，那么在 T 内，$C(x)$ 表示的是期望修复费用，且：

$$C(x)=\frac{c_2N(x)+c_1}{x} \tag{5-27}$$

根据文献［6］可知，$N(x)$ 等价于同等条件下的累积风险函数，即

$$N(x)=\int_0^x\lambda(u)\mathrm{d}u=-\ln R(x) \tag{5-28}$$

则得

$$C(x)=\frac{-c_2\int_0^x\lambda(u)\mathrm{d}u+c_1}{x} \tag{5-29}$$

对于式（5-29）进行微分，令其为 0 得

$$x\lambda(x)-\int_0^x\lambda(u)\mathrm{d}u=\frac{c_1}{c_2} \tag{5-30}$$

明显地，如果 $\lambda(x)$ 是连续的单调函数，那么 $x^*<\infty$ 是式（5-30）存在的唯一前面已经假设的磨损量服从高斯分布，参照文献［118］可以知道，设备的故障率 $\lambda(x)$ 是一个单调递增函数，因此可知式（5-30）有唯一的解。

将式（5-28）代入式（5-30），可得

$$-x\frac{R'(x)}{R(x)}+\ln R(x)=\frac{c_1}{c_2} \tag{5-31}$$

5.4　案例分析

5.4.1　卷积神经网络算法性能测试

选取本书设计的超链接卷积神经网络来对几个标准的复杂多峰标准函数进行

拟合性能测试，并与选取的标准卷积神经网络、BP 神经网络和深度神经网络进行对比，通过拟合测试可验证算法的预测性能，其中选取的测试函数形式如下：

$$\begin{cases} f_1 = \sum_{i=1}^{N_d-1}[100(x_{i+1} - x_i^2)^2 + (x_i - 1)^2], & -30 \leqslant x_i \leqslant 30, N_d = 4 \\ f_2 = \sum_{i=1}^{N_d} x_i^2, -100 \leqslant x_i \leqslant 100, & N_d = 8 \\ f_3 = 4x_1^2 - 2.1x_1^4 + \frac{1}{3}x_1^6 + x_1x_2 - 4x_2^2 + 4x_2^4, & -5 \leqslant x_i \leqslant 5, i = 1,2 \\ f_4 = 0.5\sin(\pi x_i^2)\sin(2\pi x_2), & -1 \leqslant x_i \leqslant 1, i = 1,2 \end{cases} \tag{5-32}$$

训练和测试样本生成方式为：利用上述测试函数随机产生 100 组训练数据及 30 组测试数据，设定上述对比算法的局部搜索数量是 500 次，表 5-2 给出利用选取的对比算法在式（5-32）测试函数上的训练精度（E_1）及测试精度（E_2）的对比情况，设定网络的隐藏节点数量是 8，其中卷积神经网络隐含层节点指的是全连接层。

表 5-2 误差分析比较

函数	指标	BP 神经网络	标准卷积神经网络	深度神经网络	本书所提算法
f_1	E_1	0.04326	3.28e-04	4.26e-04	4.19e-06
	E_2	0.3218	8.79e-02	7.56e-02	1.43e-02
f_2	E_1	1.3e-02	1.21e-02	1.41e-02	6.85e-03
	E_2	1.4e-02	1.23e-02	1.92e-02	7.28e-03
f_3	E_1	4.12e-02	3.87e-03	2.57e-03	4.12e-05
	E_2	0.2258	6.76e-02	5.32e-02	7.96e-04
f_4	E_1	6.15e-02	3.28e-02	3.28e-02	2.27e-03
	E_2	0.1469	4.31e-01	5.74e-01	1.39e-02

从表 5-2 中对比数据可以看出，采用本书所提卷积神经网络算法比采用其他算法能够取得更高的精确度，包括训练精度和测试精度。标准卷积神经网络和深度神经网络相比，两种算法在训练精度和测试精度两项指标上，互有优劣，这表明两种算法性能相仿。而 BP 神经网络算法的性能在几种算法的对比中性能最差。

下面选取 f_1 测试函数作为研究对象，对算法的训练精度进行比较。图 5-7 给出了隐藏节点数量为 8 情况下，各种选取的拟合算法的训练精度的对比曲线。

根据图 5-7 所示标准卷积神经网络、BP 神经网络、深度神经网络及本书所提算法的前 400 次进化情况，可看出 BP 神经网络过早陷入局部极值，原因主要是 BP 神经网络的局部收敛能力很强，但全局收敛能力相对较弱。而标准卷积神经网络、深度神经网络及本书所提算法均可实现全局收敛，标准卷积神经网络迭代初期的收敛性能很好，但中后期趋缓。深度神经网络全局收敛性能较好，因此收敛速度和收敛精度不错。在如图 5-7 所示的对比收敛曲线中，本书所提卷积神经网络改进算法能够取得最好的收敛性能。

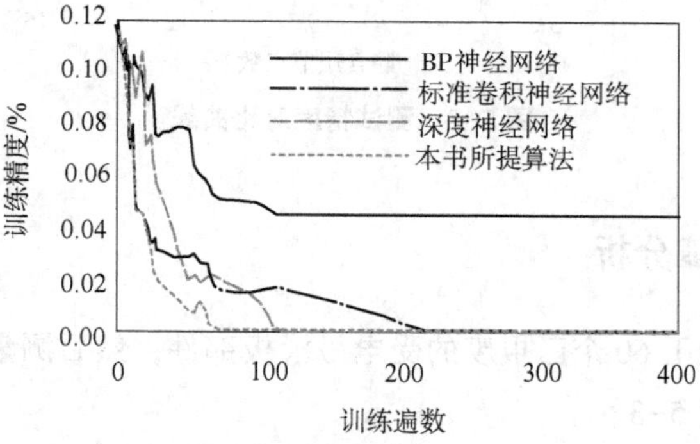

图 5-7　训练精度对比

选择终止条件为均方误差不大于 0.02，其余设置如前所述。图 5-8 给出在对函数 f_1 进行拟合时，训练时间与隐含层节点数之间的关系，可看出本书所提算法对于设置的不同隐含层节点数（全连接层节点数），均可获得相对更为优异的时间收敛性能。

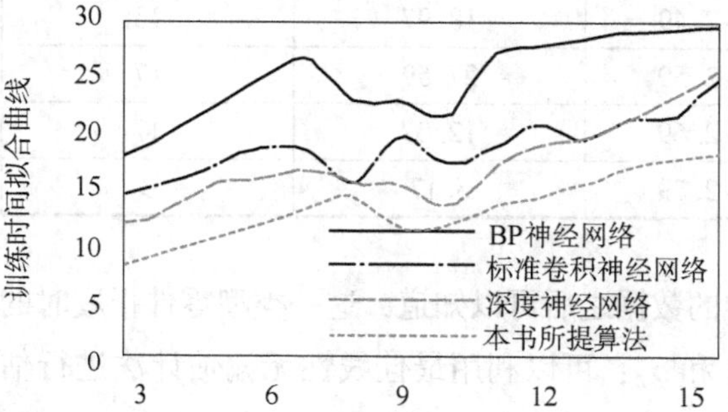

图 5-8　训练时间拟合关系

图 5-9 给出不同隐含层节点选取数量情况下的测试精度变化情况，对于本书所提算法，当全连接层节点数为 11 时，其具备最佳的网络泛化能力。根据整体的变化趋势看，本书所提算法的网络泛化能力要优于选取的几种对比算法。

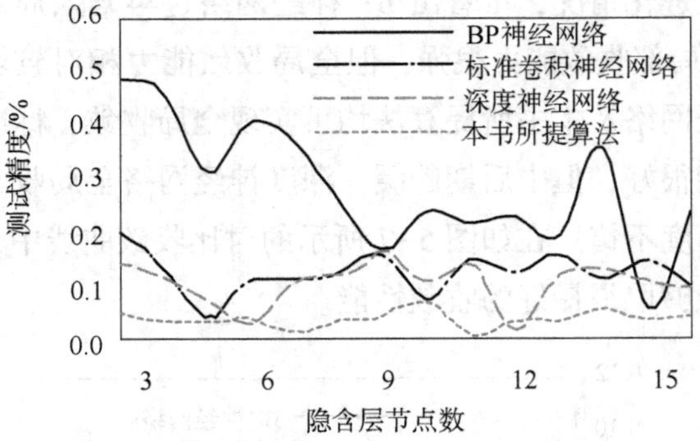

图 5-9 测试精度对比曲线

5.4.2 磨损故障分析

选取同一工况下 60 个已报废的受电弓滑板部件，然后测量并统计它们的磨损量，可以得到表 5-3。

表 5-3 磨损量统计表

序	磨损量/cm	频率/%	频率/次	累计频率/%
1	2. 00~2. 09	3. 45	2	3. 45
2	2. 10~2. 19	5. 17	3	8. 62
3	2. 20~2. 29	5. 17	3	13. 79
4	2. 30~2. 39	22. 41	12	36. 20
5	2. 40~2. 49	18. 97	13	55. 17
6	2. 50~2. 59	27. 59	17	82. 76
7	2. 60~2. 69	12. 07	17	94. 83
8	2. 70~2. 79	5. 17	3	100. 00

处理表 5-3 中的数据之后可以知道，这一类型零件报废时的磨损量服从高斯分布，允许磨损量 δ_0 和 σ_δ：可以利用最佳线性无偏估计法进行估算：$\delta_0=0.245\ 72$，$\sigma_\delta^2=0.027\ 33$，$\sigma_\delta=0.172\ 1$。假定 $c_1/c_2=0.25$，代入式（5-31），求得 $x^*\approx 2.08$ cm。

利用磨损量记录数据，结合本书所提出的卷积神经网络对未来磨损量进行预测，其中采集该类设备零部件运行过程中损耗的磨损量和预测模拟量，见表 5-4。

表 5-4　运行中的磨损量记录

磨损量记录数据			磨损量预测模拟值	
时间/d	时序	磨损量/cm	时序	预测磨损量/cm
300	1	1.0	1	1.0
450	2	1.27	2	1.28
600	3	1.41	3	1.39
750	4	1.53	4	1.57

磨损量实测值与预测值误差见表 5-5 所示。

表 5-5　磨损量实测值与预测值误差比较

时序	$\varepsilon(k)=x^{(0)}(k)-\hat{x}^{(0)}(k)$	$\Delta k=\left\|\frac{\varepsilon(k)}{x^{(0)}(k)}\right\|$
1	0	0.1%
2	0	0.8%
3	0.001	1.43%
4	0.001	0.67%

由此可见，模拟误差相对较小，符合零件运行实际情况，可通过上述方法进行磨损量预测并进行状态维修决策。在磨损结果模拟上，采用本书所提算法得到的磨损模拟数值更加接近于真实的记录数据，在受电弓滑板磨损计算工作中，基于超链接卷积神经网络模型下的磨损计算相比 Winkler 弹性模型和有限元分析模型具有更好的精度。在相同的磨损周期计算过程中，改进卷积神经网络模型下的磨损计算时间约为 Winkler 弹性模型的 1.6 倍，为有限元方法的 1/30，计算效率相对较高。

5.5　小结

根据高速铁路受电弓滑板磨损失效引起弓网故障的特点，提出了在高铁受电弓滑板接触面材料刚度系数情况下的接触面磨损动态计算流程，利用不考虑质量情况下的阻尼弹簧杆模型对高铁受电弓设备进行动力学分析，基于 Winkler 弹性计算模型对弓网接触问题进行离散化处理，基于超链接卷积神经网络对滑板磨损量进行了预测，仿真验证了预测效果的准确性，假设零件允许磨损量服从高斯分布的随机变量，进行了最优磨损量的评估，在确定了最优磨损量后，以维修费用最低为目标，可以针对受电弓滑板磨损失效确定最佳维修时机。

第6章

基于可靠性的高铁牵引供电状态维修决策优化研究

6.1 引言

高速铁路的快速发展对高铁牵引供电系统的运行可靠性提出了更高要求，随着牵引供电检测监测系统的发展和运用，牵引供电设备尤其是接触网设备实施状态维修的条件日益成熟，为了进一步提高牵引供电系统运行可靠性评估和状态维修决策技术水平，提出基于实时可靠性理论进行牵引供电系统和设备的运行状态评估、预测及维修决策方法。

当前，基于实时可靠性理论的高铁牵引供电设备故障预测与维修决策方面的研究很少，一般是借鉴传统的定期检修维护决策思路。文献［123］考虑了高铁供电设备运行维护的最小成本问题。文献［124］考虑了供电出现故障过程中的系统健康维护管理与故障预警问题。这些文献中采用的方法都是针对牵引供电系统运营维护的某一方面展开研究，不具有普适性。文献［125］具体阐述了基于可靠性、可用性、可维修性和安全性（RAMS）的高铁供电系统运行状态评估方法，但其未考虑维修方式选择问题。文献［126］主要针对极端冰雪等灾害天气对高铁牵引供电系统安全运行的影响进行分析和综合评估，其侧重于安全性分析。文献［127］利用多层免疫算法构建了牵引供电系统的健康监测模型，实现对系统健康状况的评估，但多层免疫算法计算复杂度过高，不利于系统实时监测。文献［128］提出一种基于免疫算法的健康监测模型的改进版本，其结合模糊统计原理进行设计，但是系统仍然计算复杂度较高，且主要针对系统健康问题进行研究，普适性和针对性效果一般。现场实践中，高铁实时故障维护决策需综合考虑系统的多个参数异常检测问题[129]。在实践过程中，多参数决策已有许多理论研究成果，例如，层次分析算法（analytic hierarchy process，AHP）实现简单、便于理解[130]。网络分析算法（analytic network process，ANP）与 AHP 算法不同[131]，其能够考虑元素间及层次间的支配关系，能更加深刻地反映复杂系统决策过程。此外，ANP 算法可把主观权重转化成客观权重，实现主客观优势融合，所做决策更加合理。文献［132］提出一种基于网络分析法的高铁故障维护决策算法。但这两种方法并不适用于进行基于实时运行状态的运行维护决策，原因是基于实时运行状态的维护决策影响因素复杂，且相互交织，层次间元素也存在相互支配关系，且具有很强的实时性要求，因此 AHP 和 ANP 算法所使用的递阶层次方式不适用[131]。

针对以上研究的不足，本章提出利用实时可靠性理论，对高铁牵引供电设备进行实时可靠性建模，并利用回声状态网络对未来运行状况进行可靠性和状态预测，最后根据预测的可靠性和状态数据，提出基于实时可靠性的状态维修决策流程，实现高铁牵引供电设备运行状态的实时评估和状态维修决策。

6.2 牵引供电设备的实时可靠性分析

6.2.1 可靠性计算模型

高铁牵引供电系统及设备运行受外部环境和设备服役时间的影响，可靠性会在运行过程中发生变化[132]。在分析实时监测数据信息的基础上，利用实时可靠性理论可以提高对系统和设备运行可靠性的评价准确度，更好地掌握高铁供电系统的运行状态，进一步可对高铁的实时可靠性进行趋势预测，所得可靠性评价指标可以作为指导状态维修决策的依据。

可靠性评价指标指设备在规定时间和规定条件下，实现正常运行功能的水平，一般利用概率性指标作为实时运行可靠性的度量标准，如故障率、可靠度等。但是，单纯采取概率指标对高铁运行情况进行衡量不能满足高铁可靠性的实时分析要求。对此，考虑选取设备实时功能下降作为评价指标，实现高铁供电运行可靠的实时分析，进而指导高铁供电设备的维修决策。设备运行特征参数与设备可靠度之间存在关联：

$$R_r = f(k_1, k_2, \cdots, k_g, \cdots, k_l) \tag{6-1}$$

其中，f 是高铁设备的运行特征参数与可靠度的关系函数；k_g 是第 g 个高铁运行设备的特征参数。其中，高铁设备的参数集为 $K = \{k_1, k_2, \cdots, k_l\}$。

如果参数运行在最佳监测区间内，其可靠度为最大值 $R_{\max}$；如果设备参数运行超过失效阈值，其可靠度为最小值 $R_{\min}$。然后，利用可靠度降低水平作为设备可靠性的衡量标准，实现对高铁设备运行状态的劣化程度评价。如果高铁设备仅含有 1 个特征参数，那么其可靠度可计算为

$$R_r = \left| \frac{x_c - x_a}{x_a - x_0} \right|, e \leqslant x_c \leqslant h \tag{6-2}$$

其中，x_0 是最佳特征参数值；x_c 是参数的监测数据；e 是失效下限；x_a 是失效阈值；h 是失效上限。则高铁设备的可靠度降低量为

$$AR_r = \left| \frac{x_c - x_0}{x_a - x_0} \right|, e \leqslant x_c \leqslant h \tag{6-3}$$

如果高铁设备具有 n 组参数，为消除参数间存在的耦合，利用主成分分析法实现这种相关性的消除，获得相互独立参数。进而可得可靠度指标的变化值为

$$\Delta R_r = \sum_{i=1}^{n} \alpha_i \Delta R_{ri} = \sum_{i=1}^{n} \alpha_i S_i \tag{6-4}$$

式中，S_i 为第 i 个设备参数的偏差；ΔR_{ri}是第 i 个参数可靠度降低量；α_i 为第 i 个参数权值。则高铁设备的实时可靠性模型计算步骤如下。

步骤 1：首先，根据高铁设备运行监测数据，构建高铁设备参数监测值矩阵如下：

$$\boldsymbol{J} = \begin{bmatrix} x_{11} & x_{12} & \cdots & x_{1n} \\ x_{21} & x_{22} & \cdots & x_{2n} \\ \vdots & \vdots & & \vdots \\ x_{m1} & x_{m2} & \cdots & x_{mn} \end{bmatrix} \tag{6-5}$$

其中，x_{ij}是第 j 组设备参数的第 i 组监测数据值($i = 1, 2, \cdots, m, j = 1, 2, \cdots, n$)，$m$ 是监测数据选取的数量。

步骤2：对式（6-5）进行归一化处理，使得每个设备参数的监测值满足均值为0，方差为1，那么可得如下公式：

$$x'_{ij}=(x_{ij}-\bar{x}_j)/\sqrt{v(x_j)} \tag{6-6}$$

其中，$\bar{x}_j$ 是第 j 个设备参数的监测均值；$\sqrt{v(x_j)}$ 是第 j 个设备参数的监测方差。结合式（6-5）对式（6-6）归一化后所得新的参数矩阵形式为

$$\boldsymbol{J}'=\begin{bmatrix} x'_{11} & x'_{12} & \cdots & x'_{1n} \\ x'_{21} & x'_{22} & \cdots & x'_{2n} \\ \vdots & \vdots & & \vdots \\ x'_{m1} & x'_{m2} & \cdots & x'_{mn} \end{bmatrix} \tag{6-7}$$

步骤3：计算获得上述参数矩阵的相关矩阵 $\boldsymbol{H}$，该矩阵的各项元素 h_{ij} 可计算为

$$h_{ij}=\frac{\sum_{k=1}^{m}(x'_{kj}-\bar{x}'_i)(x'_{kj}-\bar{x}'_j)}{\sqrt{\sum_{k=1}^{m}(x'_{ki}-\bar{x}'_i)^2\sum_{k=1}^{m}(x'_{kj}-\bar{x}'_j)^2}} \tag{6-8}$$

相关矩阵 $\boldsymbol{H}$ 可构建为如下形式：

$$\boldsymbol{H}=\begin{bmatrix} h_{11} & h_{12} & \cdots & h_{1n} \\ h_{21} & h_{22} & \cdots & h_{2n} \\ \vdots & \vdots & & \vdots \\ h_{m1} & h_{m2} & \cdots & h_{mn} \end{bmatrix} \tag{6-9}$$

其中，h_{ij}是参数 x'_i和 x'_j之间存在的相关性系数。

步骤4：对相关矩阵 $\boldsymbol{H}$ 的特征方程 $|\lambda\boldsymbol{E}-\boldsymbol{H}|=0$ 进行求解，令 $|\lambda\boldsymbol{E}-\boldsymbol{H}|\boldsymbol{U}=0$ 可获得其特征根和向量，把特征根 $\lambda_i(i=1,2,\cdots,n)$ 进行顺序排列：$\lambda_1\geqslant\lambda_2\geqslant\cdots\geqslant\lambda_n\geqslant 0$。并令 $|\lambda\boldsymbol{E}-\boldsymbol{H}|\boldsymbol{U}=\boldsymbol{0}$，则可得相关矩阵 $\boldsymbol{H}$ 的特征向量 $\boldsymbol{U}$ 为

$$\boldsymbol{U}=\begin{bmatrix} u_{11} & u_{12} & \cdots & u_{1n} \\ u_{21} & u_{22} & \cdots & u_{2n} \\ \vdots & \vdots & & \vdots \\ u_{m1} & u_{m2} & \cdots & u_{mn} \end{bmatrix} \tag{6-10}$$

步骤5：利用主成分分析法获得设备参数的主成分及其对应权值：

$$\begin{cases} c_1 = u_{11}p_1 + u_{12}p_2 + \cdots + u_{1n}p_n \\ c_2 = u_{21}p_1 + u_{22}p_2 + \cdots + u_{2n}p_n \\ \vdots \\ c_n = u_{n1}p_1 + u_{n2}p_2 + \cdots + u_{nn}p_n \end{cases} \tag{6-11}$$

其中，c_i 是高铁第 i 个监测设备参数的主成分($i=1,2,\cdots,n$)；p_i 是高铁第 i 个运行设备监测参数，权值参数可计算为

$$\alpha_i = \lambda_i / \sum_{i=1}^{n} \lambda_i \tag{6-12}$$

各成分参数的偏差度可计算为

$$S_{ci} = \left(\sum_{j=1}^{n} u_{ij} S_j - \sum_{j=1}^{n} u'_{ij} \right) / \sum_{j=1}^{n} |u_{ij}| \tag{6-13}$$

其中，u_{ij}是第 i 个特征成分向量的元素 j；S_j 是高铁设备参数 p_j 的监测偏差度；k 是特征向量内部比 0 小的元素数量；u'_{ij}是特征向量内部比 0 小的元素。

将上述计算得到的权值参数及偏差度代入式（6-7），可实现各参数间耦合性的消除，进而获得高铁设备运行的实时可靠度。

6.2.2　案例分析

这里以高铁牵引供电接触网设备单个跨距单元作为实验研究对象，设定运行工况为机车最高运行时速 300 km，运行过程中当接触网设备的参数监测值偏离最佳目标值过大时，则启动可靠性评估。选取高铁某工区的接触网设备运行数据关键参数的监测值进行分析，选定表征高铁接触网设备故障监测参数有：接触线拉出值偏差、导线高度偏差及平均接触压力偏差。监测记录见表 6-1。

表 6-1　高铁接触网设备关键特征参数监测值

检测时刻	接触线拉出值偏差/mm	导线高度偏差/mm	平均接触压力偏差/N
时刻 1（t_1）	16	14	2.7
时刻 2（t_2）	17	16	2.1
时刻 3（t_3）	18	17	6.7
时刻 4（t_4）	20	19	4.5
时刻 5（t_5）	22	20	3.4
时刻 6（t_6）	24	23	4.1

续表

检测时刻	接触线拉出值偏差/mm	导线高度偏差/mm	平均接触压力偏差/N
时刻 7（t_7）	26	25	5.3
时刻 8（t_8）	28	27	7.6
时刻 9（t_9）	30	29	4.9

首先，按照 6.2.1 节所提参数特征的阈值计算方式，确定高铁牵引供电设备特征参数的接触线拉出值偏差、导线高度偏差及平均接触压力偏差的失效阈值和最佳值。根据式（6-3）求得高铁牵引供电设备接触线拉出值偏差、导线高度偏差及平均接触压力偏差，如图 6-1 所示。

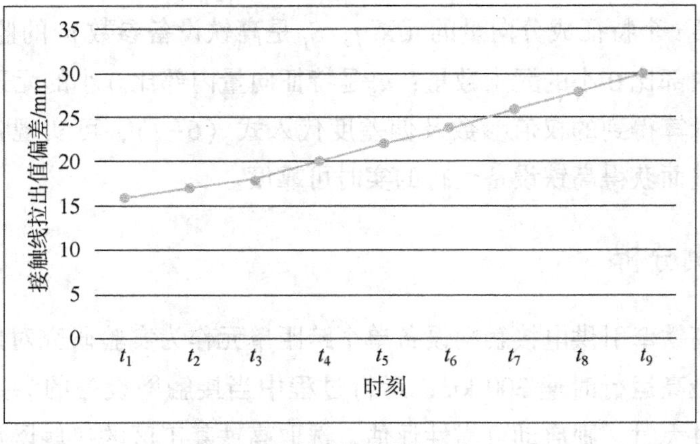

（a）接触线拉出值偏差

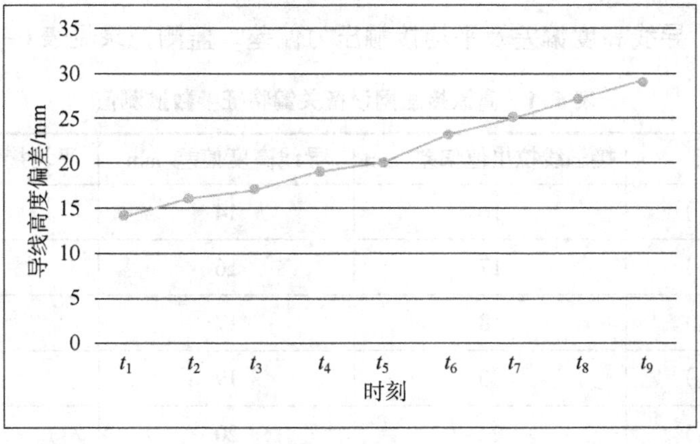

（b）导线高度偏差

图 6-1 高铁牵引供电接触网关键设备运行状态参数偏差

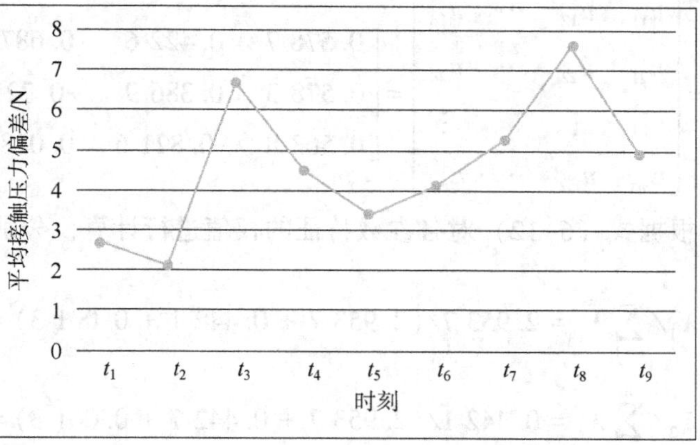

（c）平均接触压力偏差

图 6-1　高铁牵引供电接触网关键设备运行状态参数偏差（续）

从如图 6-1 所示的高铁牵引供电设备参数偏差情况看，接触线拉出值偏差、导线高度偏差及平均接触压力偏差三组特征参数均随着时刻的增加呈现上升态势，其中接触线拉出值偏差、导线高度偏差呈单调线性增加趋势，而平均接触压力偏差因受到环境及温度情况影响，变化存在波动情况。上述参数变化情况表明，随着时间的增加，接触网设备运行参数相对标准值的变化逐渐加大，设备出现故障的可能性也逐渐增加。

按照 6.2.1 节中介绍的实时可靠性计算模型步骤，对表 6-1 中的高铁接触网设备关键特征参数监测值的可靠度进行计算，具体过程如下。

步骤 1：首先计算高铁牵引供电设备的 3 个参数监测数值矩阵

$$\boldsymbol{I}_z=\begin{bmatrix}16 & 17 & 18 & 20 & 22 & 24 & 26 & 28 & 30\\ 14 & 16 & 17 & 19 & 20 & 23 & 25 & 27 & 29\\ 2.7 & 2.1 & 6.7 & 4.5 & 3.4 & 4.1 & 5.3 & 7.6 & 4.9\end{bmatrix}^{\mathrm{T}} \tag{6-14}$$

步骤 2：对式（6-14）执行归一化操作后，可计算获得对应的关联矩阵

$$\boldsymbol{H}=\begin{bmatrix}h_{11} & h_{12} & \cdots & h_{1n}\\ h_{21} & h_{22} & \cdots & h_{2n}\\ \vdots & \vdots & & \vdots\\ h_{m1} & h_{m2} & \cdots & h_{mn}\end{bmatrix}=\begin{bmatrix}1.00 & 0.99 & 0.97\\ 0.99 & 1.00 & 0.97\\ 0.97 & 0.97 & 1.00\end{bmatrix} \tag{6-15}$$

步骤 3：计算参数监测数值矩阵的特征根与向量

$$\lambda=[2.9537, 0.4421, 0.0013] \tag{6-16}$$

$$U=\begin{bmatrix} u_{11} & u_{12} & \cdots & u_{1n} \\ u_{21} & u_{22} & \cdots & u_{2n} \\ \vdots & \vdots & & \vdots \\ u_{m1} & u_{m2} & \cdots & u_{mn} \end{bmatrix}=\begin{bmatrix} 0.5787 & 0.4226 & 0.6873 \\ 0.5783 & 0.3869 & -0.7216 \\ 0.5638 & -0.8216 & 0.0181 \end{bmatrix} \tag{6-17}$$

步骤4：根据式（6-12）对各参数特征的权值进行计算，分别为

$$\begin{cases} \alpha_1=\lambda_1/\sum\limits_{i=1}^{n}\lambda_i=2.9537/(2.9537+0.4421+0.0013)=0.869 \\ \alpha_2=\lambda_2/\sum\limits_{i=1}^{n}\lambda_i=0.4421/(2.9537+0.4421+0.0013)=0.130 \\ \alpha_3=\lambda_3/\sum\limits_{i=1}^{n}\lambda_i=0.0013/(2.9537+0.4421+0.0013)=0.001 \end{cases} \tag{6-18}$$

步骤5：根据主成分分析法的偏差计算公式可得在 t_9 时刻各参数的主成分偏差为

$$\begin{cases} S_{c1}=\left(\sum\limits_{j=1}^{n}u_{1j}S_j-\sum\limits_{j=1}^{n}u'_{1j}\right)/\sum\limits_{j=1}^{n}|u_{1j}|=0.046 \\ S_{c2}=\left(\sum\limits_{j=1}^{n}u_{2j}S_j-\sum\limits_{j=1}^{n}u'_{2j}\right)/\sum\limits_{j=1}^{n}|u_{2j}|=0.015 \\ S_{c3}=\left(\sum\limits_{j=1}^{n}u_{3j}S_j-\sum\limits_{j=1}^{n}u'_{3j}\right)/\sum\limits_{j=1}^{n}|u_{3j}|=0.008 \end{cases} \tag{6-19}$$

步骤6：按照式（6-4），可利用参数的主成分偏差获得高铁设备可靠度变化值：

$$\Delta R_r=\sum_{i=1}^{n}\alpha_i\Delta R_{ri}=\sum_{i=1}^{n}\alpha_iS_i=0.869\times0.046+0.130\times0.015+0.001\times0.008=0.042 \tag{6-20}$$

由以上计算可得，在 t_9 时刻接触网设备的运行可靠度降低量为0.042，此时实时可靠度为0.951，通过多组时刻的可靠度降低量计算，可进行对应的回声状态网络可靠性预测和运行状态参数预测，并以此为基础进行状态维修决策。

6.3　基于回声状态网络的高铁可靠性预测

6.3.1　高铁牵引供电设备故障时间序列预测

近年来，回声状态网络（echo state network，ESN）作为一种高效的学习算法得到深入研究，ESN 已广泛用在多种数据序列预测中，并得到了高精度的数据序列预测效果。ESN 不但具备回归神经网络（recurrent neural network，RNN）功能特点，还可实现动态行为复杂模拟，且内连接特点使其具有快速训练特点。

如果时间序列数据变化趋势为直线，对时间序列开展指数平滑策略预测会产生偏差预测的滞后。设定高铁运行状态数据的时间序列是$\{x_1,x_2,\cdots,x_t\}$，则可基于时间序列的历史数据$\{x_t,x_{t-1},\cdots,x_{t-m+1}\}$对将来的 $t+k$ 数据 x_{t+k}进行预测，可实现 x_{t+k}数据和时间序列历史数据$\{x_t,x_{t-1},\cdots,x_{t-m+1}\}$的映射。若 $k=1$，则为特殊情况下的一步预测；若 $k>1$，则为时间序列的多步预测情况。传统的一次和二次平滑指数方法均使用均值预测方法，这种方法不能很好地体现出 x_{t+k}与时间序列历史数据$\{x_t,x_{t-1},\cdots,x_{t-m+1}\}$之间存在的确切函数关系。为此，考虑基于 ESN 模型对高铁牵引供电的时间序列数据进行预测，同时考虑基于 Gibbs 分布估计实现 ESN 模型的参数优化。

在高铁牵引供电设备运行状态时间序列中，m 为超前的序列预测步数，$X(\tau)$是高铁牵引供电设备状态 X 的时间序列值：x_0，x_1，$\cdots$，$x_{\tau-1}$，x_τ，目的是实现对 $x_{\tau+m}$的多步序列预测。考虑采取 T 组数据进行采样获得训练数据，并将$(x_\tau,x_{\tau+m})$作为网络的输入数据对，并在 τ 时刻实现对网络模型输出的有效预测。

数据 $x_{\tau+m}$的取值，不仅与 x_τ 有关，其与历史数据均存在相关性。利用数据 X 生成 2 组同等长度的重叠序列 $X_{\text{obs}}(\tau)$和 $X_{\text{fut}}(\tau)$，表示为

$$\begin{cases}X_{\text{obs}}(\tau)=(x_0,\cdots,x_\tau)\\X_{\text{fut}}(\tau)=(x_m,\cdots,x_{\tau+m})\end{cases}\tag{6-21}$$

其中，X_{obs}（τ）和 X_{fut}（τ）的构建方式，可采取在序列 X 内删去前 m 组数据和后 m 组数据的方式建立，建立后的 2 组时间数据序列长度均是 $N-m$。对 $X_{\text{obs}}(\tau)$和 $X_{\text{fut}}(\tau)$数组中的数据进行分裂操作，可得到训练集$(X_{\text{obs}}^{\text{tr}},X_{\text{fut}}^{\text{tr}})$及测试集$(X_{\text{obs}}^{\text{ts}},X_{\text{fut}}^{\text{ts}})$。此操作过程如图 6-2 所示。

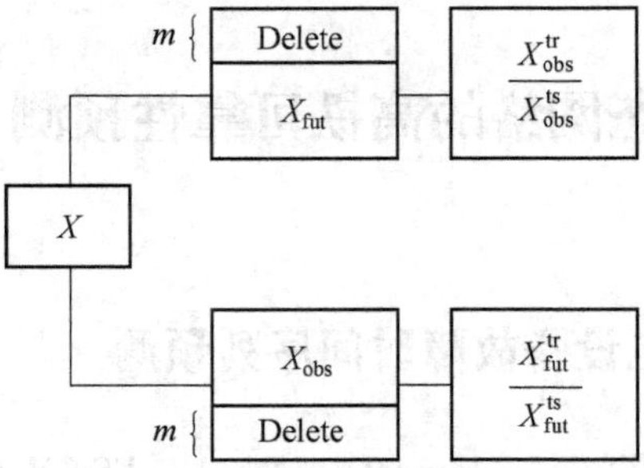

图 6-2 训练和测试数据截取

6.3.2 回声状态网络采样概率分布预测

建立高铁牵引供电设备状态预测的 ESN 模型如图 6-3 所示。

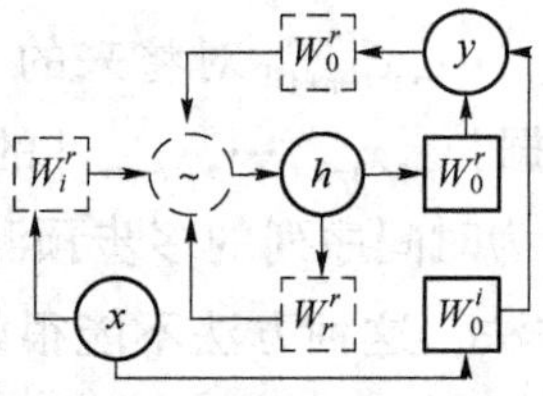

图 6-3 高铁牵引供电设备状态预测的 ESN 模型

如图 6-3 所示的高铁牵引供电设备运行状态预测的 ESN 模型可分为：模型输入层、存储器（可擦写）及读取层。其中，输入向量的维度是 N_i，可表示为 $\boldsymbol{x}[n]\in\mathbf{R}^{N_i}$，存储器（可擦写）状态 $\boldsymbol{h}[n-1]\in\mathbf{R}^{N_r}$ 的更新公式为

$$\boldsymbol{h}[n]=f_{\text{res}}(\boldsymbol{W}_i^r\boldsymbol{x}[n]+\boldsymbol{W}_r^r\boldsymbol{h}[n-1]+\boldsymbol{W}_0^r y[n-1]) \tag{6-22}$$

其中，在训练步骤中对 $\boldsymbol{W}_i^r\in\mathbf{R}^{N_r\times N_i}$，$\boldsymbol{W}_r^r\in\mathbf{R}^{N_r\times N_r}$ 及 $\boldsymbol{W}_0^r\in\mathbf{R}^{N_r}$ 随机初始化。$\boldsymbol{y}[n-1]\in\mathbf{R}$ 为前输出，设定 $f_{\text{res}}(\cdot)=\tanh(\cdot)$。则 ESN 模型预测序列为

$$\boldsymbol{y}[n]=(\boldsymbol{W}_i^0)^{\mathrm{T}}\boldsymbol{x}[n]+(\boldsymbol{W}_r^0)^{\mathrm{T}}\boldsymbol{h}[n] \tag{6-23}$$

其中，$\boldsymbol{W}_i^0\in\mathbf{R}^{N_i}$，$\boldsymbol{W}_r^0\in\mathbf{R}^{N_r}$ 模型节点之间的链接，可进行训练。图 6-3 中分别用实、虚线表示时变和时不变两种情形的权值矩阵。

在权值 $\boldsymbol{W}_r^r$ 设定中，输入对模型存储产生的影响须满足自限性。权值矩阵 $\boldsymbol{W}_r^r$ 选取规则：令 $\rho(\boldsymbol{W}_r^r)<1$，$\rho(\cdot)$ 是谱半径参数。输入-输出对形式为

$$(\boldsymbol{x}[1],d[1]),\cdots,(\boldsymbol{x}[Q],d[Q]) \tag{6-24}$$

ESN 模型的输入是主成分 β_i 或原始序列 X，输出形式为

$$d[t]=x[t+m] \tag{6-25}$$

其中，m 是预测期。定义内部序列状态：$\boldsymbol{h}[1]$，…，$\boldsymbol{h}[Q]$。利用期望输出代替 ESN 预测模型输出。将内部序列状态在矩阵 $\boldsymbol{H}\in\mathbf{R}^{Q\times N_i+N_r}$ 中进行层叠存储，其中期望输出可采用向量 $\boldsymbol{d}\in\mathbf{R}^{Q}$ 形式进行表示：

$$\boldsymbol{H}=\begin{bmatrix}\boldsymbol{x}^{\mathrm{T}}[1],\boldsymbol{h}^{\mathrm{T}}[1]\\ \vdots\\ \boldsymbol{x}^{\mathrm{T}}[Q],\boldsymbol{h}^{\mathrm{T}}[Q]\end{bmatrix},\quad \boldsymbol{d}=\begin{bmatrix}d[1]\\ \vdots\\ d[Q]\end{bmatrix} \tag{6-26}$$

其中，因处于过渡形态，所以应删除矩阵的 D 行，并基于最小二乘方法（LSR）对该矩阵进行处理：

$$\boldsymbol{w}_{ls}^{*}=\underset{w\in\mathbf{R}^{N_r+N_i}}{\arg\min}\frac{1}{2}\|\boldsymbol{Hw}-\boldsymbol{d}\|_2^2+\frac{\alpha}{2}\|\boldsymbol{w}\|_2^2 \tag{6-27}$$

其中，$\boldsymbol{w}_{ls}=[\boldsymbol{w}_i^0,\boldsymbol{w}_r^0]^{\mathrm{T}}$，$\alpha\in\mathbf{R}^{+}$ 是标量正值形式的正则化因子。对于式（6-27）进行闭合形式改写：

$$\boldsymbol{w}_{ls}^{*}=(\boldsymbol{H}^{\mathrm{T}}\boldsymbol{H}+\alpha\boldsymbol{I})^{-1}\boldsymbol{H}^{\mathrm{T}}\boldsymbol{d} \tag{6-28}$$

对任意 $N_r+N_i>Q$ 情形，式（6-28）可改写为下列形式，以提高计算效率：

$$\boldsymbol{w}_{ls}^{*}=\boldsymbol{H}^{\mathrm{T}}(\boldsymbol{H}^{\mathrm{T}}\boldsymbol{H}+\alpha\boldsymbol{I})^{-1}\boldsymbol{d} \tag{6-29}$$

6.3.3　参数优化

高铁牵引供电设备运行状态预测模型 ESN 的参数优化过程如图 6-4 所示。

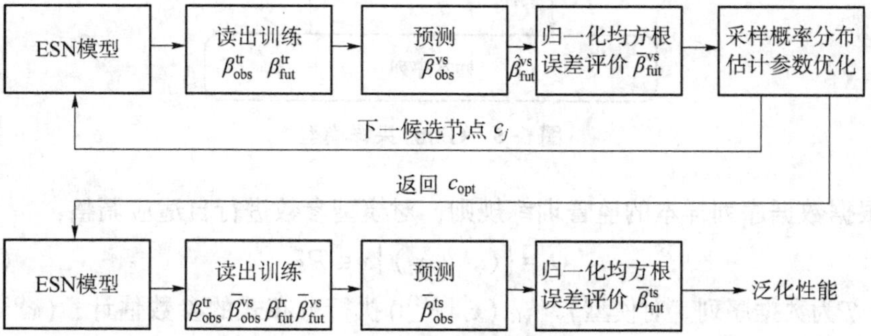

图 6-4　参数优化流程

高铁牵引供电设备运行状态预测模型 ESN 的分辨率和参数区间设定：

（1）边界限制为［100，1 000］，分辨率设定为 100；

（2）权值 W_r 在区间［-1，1］内采取均匀方式进行提取，设置初始比例值

$p=0$，并重新调整数据矩阵，实现谱半径 ρ^* 的自适应调整，$\rho^* \in [0.5, 0.99]$，存储器内部的连通比例参数 $p \in [0.1, 0.4]$；

（3）附加噪声是均值为零、方差为 β^2 的高斯噪声，变化区间为 $[0.000\,01, 0.001]$；

（4）通过固定因子对 ESN 模型的输入、响应及反馈进行缩放，可表示为 γ_{in}、γ_{out} 和 γ_{feed}。其中，γ_{in}、$\gamma_{out} \in [0.1, 1]$，$\gamma_{feed} \in [0, 1]$。如果存在 $\gamma_{feed}=0$ 的特殊情况，则表明 ESN 模型不存在反馈。

若数组 $\boldsymbol{X}$ 是高维随机向量，并且该向量的联合概率密度是 $f_{\boldsymbol{X}}(x)$，并且具有随机不规则特性，无法进行直接模型构建。对此，解决方案是利用概率分布 $f_{X_i|\boldsymbol{X}^{(i)}}(x_i|x^{(i)})$ 进行模型构建。具体流程如图 6-5 所示。在如图 6-5 所示的算法流程中，基于 Gibbs 采样构建概率条件的 Markov 链特征分布模型 $f_{X_i|\boldsymbol{X}^{(i)}}(x_i|x^{(i)})$，可逼近模型 $f_{\boldsymbol{X}}(x)$，具体描述如下：

$$\lim \sum_{t=1}^{T} \varphi(\boldsymbol{X}(t))/T = E\{\varphi(\boldsymbol{X})\} \tag{6-30}$$

其中，联合分布模型获取的采样数据与数据序列具有相同的性质。

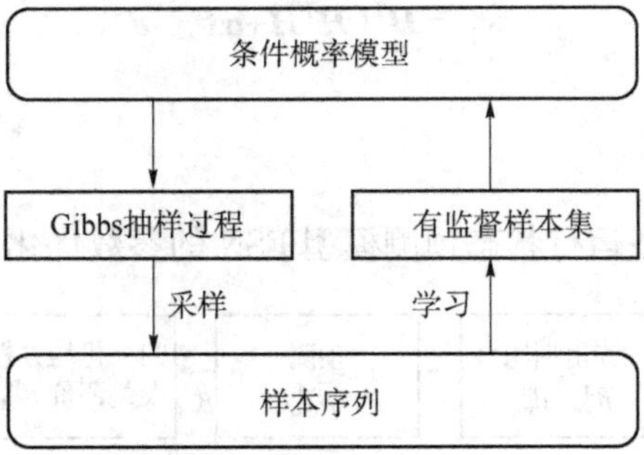

图 6-5　Gibbs 采样模型

根据数据序列样本的监督训练规则，对模型参数进行自适应调整：

$$Q_i = \{(x^{(i)}, x_i) \mid x \in \mathcal{P}\} \tag{6-31}$$

其中，$\mathcal{P}$ 为数据序列。对模型 $f_{X_i|\boldsymbol{X}^{(i)}}(x_i|x^{(i)})$ 执行分布式的参数估计，$(x^{(i)}, x_i)$ 为期望均值为 x_i 和样本序列 $x^{(i)}$ 的数据对，设定样本序列 $X_i \in \{-1, 1\}$。则对概率模型 $f_{X_i|\boldsymbol{X}^{(i)}}(x_i|x^{(i)})$ 进行估计过程如下：

步骤 1：利用序列 Q_i 和分类算法，实现对分类器构建；

步骤 2：利用分类器对概率模型 $f_{X_i|\boldsymbol{X}^{(i)}}(x_i|x^{(i)})$ 进行分布式参数估计。估计分类界面形式如下：

$$g = \arg\min_{g \in G}\left\{\sum_{Q} L(y,g(x))\right\} \tag{6-32}$$

其中，$L(y,g(x))$是样本损耗，$Q=\{(x,y)\}$是有监督样本数据序列，G是候选函数集，可屏蔽分类不理想数据输出，分类界面为 $g(x)=0$。则概率估计模型为

$$\hat{P}(Y|X) \sim \exp[-L(Y,g(X))] \tag{6-33}$$

其中，利用上述的损耗及最大似然函数，可得到模型式（6-33）的等价模型：

$$g = \arg\max_{g \in G}\left\{\prod_{(x,y)\in Q} \hat{P}(y|x)\right\} \tag{6-34}$$

设定$(x_{opt},fit_{opt})=IEDA$（$eval$）为分布式估计算法的表达模型，其中 $eval$ 为模型的评价函数指标，则基于 Gibbs 采样的分布式估计算法如下所示。

伪代码 1：Gibbs 采样的分布式估计算法

（1）初始化算法：

$$p=\{x(i)\,|\,i=1,\cdots,N\},\ x(i)\sim Uniform(S),\ opt=\varnothing;$$

（2）迭代循环：

//寻优过程

for $ep=1$：$epoch$ do

$$x^{*}=\arg\max_{x\in}\{eval(x)\};\ opt=opt\cup\{x^{*}\};\ =\backslash\{x^{*}\};$$

endfor

//学习

for $i=1$：Ddo

$$i=\{(x^{(i)},x_i)\,|\,x\in opt\};\ g_i=\arg\min_{g\in G}\left\{\sum_{Q_i} L(y,g(x))\right\};$$

$$P(X_i\,|\,X^{(i)})\sim\exp(-L(X_i,g(X^{(i)})));$$

endfor

//采样过程

$$new=sample(N-N_0,\{\hat{P}(X_i\,|\,X^{(i)})\});$$

//更新过程

$$p=new\cup opt;\ opt=\varnothing;$$

（3）模型输出：

$$x_{opt}=\arg\max_{x\in}\{eval(x)\};\ fit_{opt}=eval(x_{opt}).$$

采用数据时间序列的“截断”方式对数据序列$\mathcal{P}$进行更新，并令$(N-N_0)/N$作为 Gibbs 采样的分布式估计算法的种群淘汰比例。

6.3.4 案例分析

（1）标准案例测试。为验证所提基于 Gibbs 采样分布式估计的回声状态网络进行性能评价和分析，选取均方根误差E_{RMS}作为评价指标，该指标反映了模型预测输出值与真实值之间的偏离度，指标E_{RMS}的计算形式为

$$E_{RMS}=\left[\frac{1}{M-1}\sum_{i=1}^{M}(t_i-y_i)^2\right]^{1/2} \tag{6-35}$$

其中，t_i是真实的数据值，M是测试模型数据的时间序列长度，y_i是模型的预测输出。实验对象选取 Lorenz 混沌系统，其模型方程形式为

$$\begin{cases}\dot{x}=a(y-x)\\ \dot{y}=(r-z)x-y\\ \dot{z}=xy-bz\end{cases} \tag{6-36}$$

其中，a、b和r是模型的常数值。如果参数设置为$a=10$，$b=8/3$，$r=28$，则在$x(0)=10$，$y(0)=1$及$z(0)=0$初始值设定条件下，Lorenz 系统会产生混沌。基于四阶形式的 Runge-Kutta 数值模拟算法，可实现 Lorenz 系统数值化求解，设定 Runge-Kutta 数值模拟算法的时间步长是 0.001，总迭代次数为 6 000 次，选择x时间轴的数据序列$x(k)$，$k=1$，2，…，6 000，作为实验数据。训练步数为前 3 000步，测试步数为后 3 000 步。那么对比算法 ESN 和 IESN 分别执行 30 次所求解的E_{RMS}指标分布对比情况如图 6-6 所示，横坐标选取测试数据数量为 250～2 550之间变化。

根据如图 6-6 所示的算法性能测试对比情况看，本书所提算法在 Lorenz 系统跟踪过程中的E_{RMS}指标均值，在选取不同测试样本情况下的实验结果均近似，且均要优于标准的回声状态网络算法。从E_{RMS}指标分布上看，本书所提算法的分布方差更低，表明算法的预测性能更为稳定，体现了所提算法良好的性能。

（2）高铁接触网设备运行状态预测。因为高铁运行环境多变，且较为复杂，为防止故障预警中受到环境因素影响，选择高铁运行某时刻特征参数偏差对设备故障进行判定，并对高铁后续时段牵引供电设备的可靠性趋势进行预测，进而获得高铁牵引供电设备更为准确的可靠性状态。针对表 6-1 中接触线拉出值偏差、

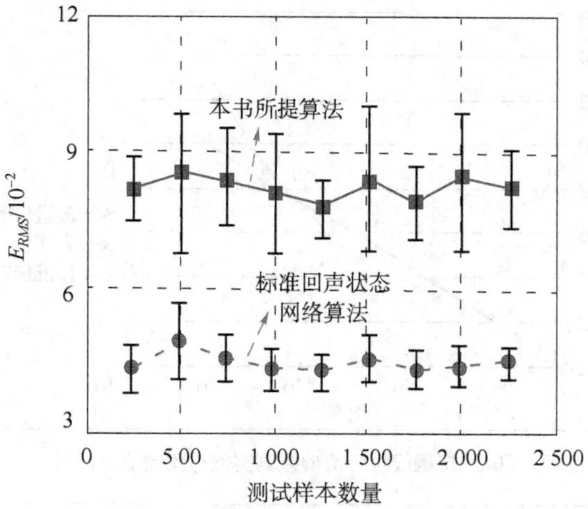

图 6-6　算法性能测试

导线高度偏差及平均接触压力偏差的 $t_1 \sim t_9$ 状态，预测 t_9 时刻以后的可靠度及 3 种参数状态。假定预测时段为 $t_{10} \sim t_{14}$，则预测值见表 6-2 和图 6-7。

表 6-2　设备参数及可靠度预测值

主要参数	t_{10}时刻	t_{11}时刻	t_{12}时刻	t_{13}时刻	t_{14}时刻
接触线拉出值偏差/mm	31	34	36	38	41
导线高度偏差/mm	30	32	33	35	39
平均接触压力偏差/N	5. 8	6. 2	5. 1	7. 3	8. 1
实时可靠度	0. 931	0. 903	0. 865	0. 813	0. 767

根据图 6-7 预测结果对比可知，随着预测时间的增加，本书所提算法及标准回声状态网络的预测结果同真实值的偏离程度均出现增加态势，这表明预测时刻越长，预测效果越差。同时从预测效果看，本书采用 Gibbs 采样方式分布估计算法的回声状态网络模型的预测效果，要优于标准回声状态网络的预测效果。

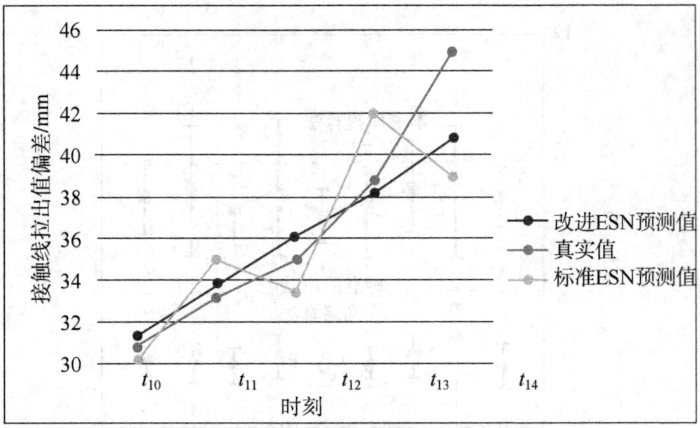

（a）接触线拉出值偏差真实值与预测值对比图

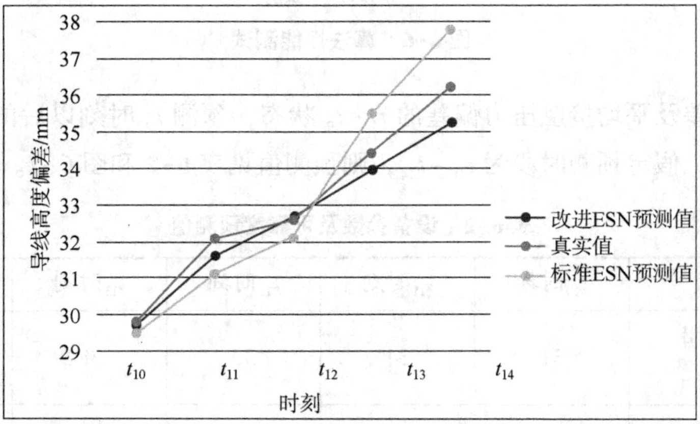

（b）导线高度偏差真实值与预测值对比图

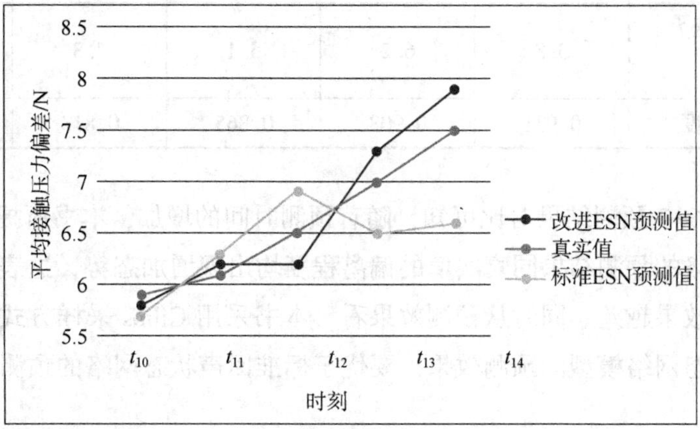

（c）平均接触压力偏差真实值与预测值对比图

图 6–7 预测值与真实值对比图

6.4　高铁牵引供电设备实时可靠性维修决策

6.4.1　维修决策流程

采用实时可靠性模型的高铁牵引供电设备维修决策流程如图 6-8 所示，该决策模型的计算过程为：首先界定系统边界，如果高铁牵引供电设备运行特征参数与最佳值出现超出边界的偏差，须启动设备实时可靠性评估，然后按照给出的评

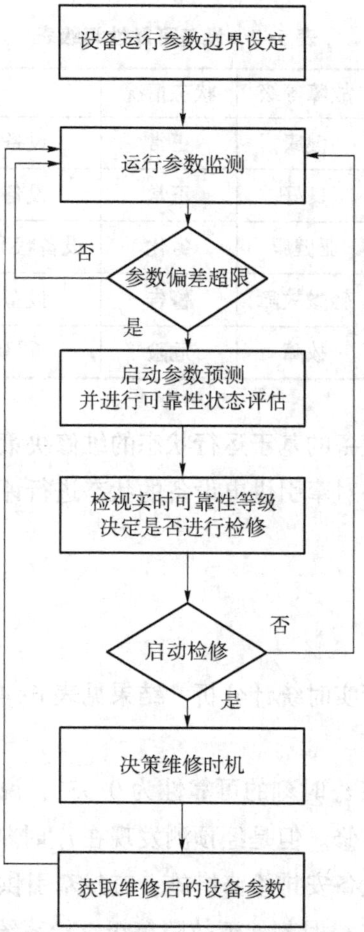

图 6-8　高铁牵引供电设备实时可靠性维修决策流程

价数据得出设备实时可靠性等级。结合实时可靠性趋势预测结果进行维修时机决策，并将实时的维修效果反馈给设备或系统，继续评价其状态，在有特征参数偏离的情况下重复执行上述维修决策流程，最终实现对高铁牵引供电设备状态维修决策进行实时优化的目的。

高铁牵引供电设备的可靠性评价包含：根据高铁牵引供电设备可靠度降低量对当前高铁牵引供电设备的可靠性进行实时评估，并对该设备的可靠性进行实时趋势预测，并制定相应的解决方案。可靠性等级，可根据实际情形进行确定。这里将高铁牵引供电设备的可靠性划分为 5 个等级，同时需确定可靠性评价的 5 个阈值，该阈值应考虑设备运行环境、故障机理及功能特点等因素。基于统计分析原理，可获得最终阈值评价标准。其中各个可靠性等级的状态描述见表 6-3。

表 6-3　设备可靠性等级表

可靠性等级	阈值参数	故障等级	状态情况	状态描述
等级 1（V1）	θ_1	健康	正常	设备状况优异，适合长时运行
等级 2（V2）	θ_2	良好	正常	设备状况良好，适合长时运行
等级 3（V3）	θ_3	亚健康	劣化	设备状况异常，维持运行并重点监测
等级 4（V4）	θ_4	轻微故障	警告	设备状况不佳，采取维修措施
等级 5（V5）	θ_5	故障	危险	设备状况恶劣，须停车检修

对于高铁牵引供电设备的基于运行状态的维修决策，须按照高铁牵引供电设备的可靠性实时评价结果对牵引供电设备的状态进行评估，并对维修项目进行计划编排。

6.4.2　案例分析

对历史运行参数进行实时统计分析，结果见表 6-4，可最终确定高铁牵引供电设备的运行可靠性阈值。

高铁牵引供电设备在 t_9 时刻的可靠性为 0.951，说明设备处于健康等级，应保持继续运行，不进行维修。但是经预测发现在 t_{13}时刻设备将接近轻微故障，因此建议该时刻对接触网设备安排检修措施，查找牵引供电设备异常参数及产生原因，否则接触网设备将在 t_{14}时刻接近故障等级，给系统运行造成较大风险。可以看出，接触网设备运行可靠性并非呈现线性趋势，而是在超过关键设备状态参数后，以较快的速度转向故障状态，因此，为确保高铁设备的安全运行，需要对高铁牵引供电设备进行实时可靠性预测，并根据预测所得的可靠性，合理安排维修计划。

表 6-4　高铁牵引供电设备实时可靠性评价标准

可靠性等级	阈值	健康等级	状态描述
等级 1（V1）	0.95	健康	设备状况优异，适合长时运行
等级 2（V2）	0.9	良好	设备状况良好，适合长时运行
等级 3（V3）	0.85	亚健康	设备状况异常，维持运行并重点监测
等级 4（V4）	0.8	轻微故障	设备状况不佳，采取维修措施
等级 5（V5）	0.75	故障	设备状况恶劣，须停车检修

6.5　小结

本章首先通过实时可靠性分析给出牵引供电设备故障相关参数变化所导致的可靠性降低量，然后利用 Gibbs 采样分布估计优化回声状态网络预测未来可靠性下降趋势，最后通过实时可靠性的状态维修决策过程对高铁牵引供电设备是否进行维修做出判断。这里在进行流程设计的同时，给出相应案例进行计算演示和结果验证，显示了本书所提决策流程的有效性。

第 7 章

结论与展望

本书研究了高速铁路牵引供电系统关键设备的故障状态检测与状态维修优化建模相关问题，主要结论如下。

（1）同相供电装置冗余及备用单元越多，其劣化情况越复杂，在寿命周期内的系统存在诸多状态，会出现阶段劣化的情况。因为这类装备的修复手段经常忽视系统劣化中的阶段性特点，选择统一的修复手段，在装备不能被修复时再选择更换装备，这是导致维修费用过高的主要原因。综合上述内容，运用半马尔可夫过程依据组合式同相供电装置的劣化特征进行建模，可以得到最优修复策略的一般迭代算法。参照给出的特例，对其加以分析，考虑影响最优修复策略的主要因素，制定出了可行性高的修复策略，以减少装置在寿命周期内的修复费用。

（2）在对接触网补偿装置进行振动监测的基础上，提出了一种基于改进经验模态分解方法的棘轮补偿装置机械故障监测方法。针对现有的机械故障监测中的单一的和阶段性特征选择及分类器的参数优化，根据它们之间的相互关系，选定 KNN 为故障分类器，并提出了用智能水滴算法选定的最近邻参数和机械故障监测模型。仿真结果表明，通过与传统的机械故障监测模型进行对比，IWD-KNN 模型利用全局搜索能力快速找到了最优的特征子集和 KNN 参数，大大提高了棘轮补偿装置的机械故障监测精度和效率。

（3）在对接触网单个锚段关键位置进行定点振动信息监测的基础上，提出了基于有限变分小波的高铁接触网单个锚段机械故障监测方法。首先在小波熵的相对指数定义的基础上，提出了基于有限变分的小波分解改进形式，从而提高了小波信号的识别效果。接着，选择单个锚段内典型工况振动信号进行了小波分解，之后提取各子带的小波熵特征用以反映各维度振动信号的复杂程度。最后用支持向量机对小波分解信号进行了分类识别。实验结果验证了所采用方法的有效性。对单个锚段接触网故障进行监测，可以有效提高接触网故障定位和识别效果，防止接触网断线和其他严重的行车次生故障，实现接触网维修“细分供电单元，缩小故障范围，快速定位故障，压缩故障延时”的管理原则。

（4）针对高速铁路受电弓滑板磨损失效问题，提出了高铁受电弓滑板接触面材料刚度系数情况下的接触面磨损动态计算流程，利用不考虑质量情况下的阻尼弹簧杆模型对高铁受电弓设备进行动力学分析，基于 Winkler 弹性计算模型对弓网接触问题进行离散化处理，基于超链接卷积神经网络对滑板磨损量进行了预测，仿真验证了预测效果的准确性，在确定了最优磨损量后，以维修费用最低为目标确定了最佳维修时机。

（5）针对高铁牵引供电设备状态维修决策问题，提出一种基于实时可靠性分析、基于 Gibbs 采样分布优化的回声状态网络预测及基于实时可靠性的状态维修决策的高铁牵引供电设备故障维修决策方法。将高铁牵引供电设备的可靠性等级划分为 5 个等级，确定可靠性评价的 5 个阈值，阈值考虑设备运行环境、故障机理及功能特点等因素。基于统计分析原理，获得最终阈值评价标准，实现了高铁牵引供电设备故障的实时可靠性预测。

本书中涉及的研究工作仅是针对高速铁路牵引供电维修决策问题的初步探讨，尚有许多问题需要进一步深入研究，主要有以下几个方面。

（1）为简化分析，本书仅对组合式同相供电装置进行了状态维修决策研究，下一步可在考虑测控单元、表决器、进出线可靠性参数的基础上，进一步加入牵引变压器、断路器、隔离开关等牵引变电所一次、二次设备，开展系统级的组合式同相牵引变电所维修决策优化建模研究。

（2）根据不同类型的接触网故障工况，借助于仿真软件做动态响应分析，并从中提取接触网产生故障时的振动信息特征参量，从而为故障状态的识别和监测提供必要的参考。

(3) 研究利用高速铁路牵引供电安全监测系统对接触网状态参数进行更为全面的状态监测，加强对接触网风振响应、覆冰检测、线夹温度等多种参数的监测力度，实现对接触网状态的全面监测，从而为接触网状态维修提供支持。

(4) 研究弓网振动对接触网支持、定位系统螺栓紧固力矩变化的影响，通过现场力矩监测数据，研究掌握接触网支撑定位装置及吊弦等各部位紧固力矩的变化规律，确定紧固力矩的监测周期，开展以防松动为目标的设备状态维修。

参考文献

[1] 曹建猷. 电气化铁道供电系统 [M]. 北京：中国铁道出版社，1983.

[2] 李群湛，贺建闽. 牵引供电系统分析 [M]. 成都：西南交通大学出版社，2007.

[3] 吴积钦. 受电弓与接触网系统 [M]. 成都：西南交通大学出版社，2010.

[4] 李群湛. 我国高速铁路牵引供电发展的若干关键技术问题 [J]. 铁道学报，2010，32 (4)：119-124.

[5] 林飞，罗君，李志锋. 2003、2004 年全国电力牵引供电系统故障统计分析 [J]. 甘肃科技纵横，2006 (3)：27-28.

[6] 解绍锋，李群湛. 平衡接线牵引变压器同相供电下的容量设计方法 [J]. 西南交通大学学报，2014，49 (4)：576-581.

[7] 周福林. 同相供电系统结构与控制策略研究 [D]. 成都：西南交通大学，2012.

[8] 董昭德. 接触网 [M]. 北京：中国铁道出版社，2010.

[9] 蔡学敬. 基于图像处理技术的高速接触网动态检测系统研究 [D]. 成都：西南交通大学，2008.

[10] 王卫东，顾世平，杨超，等. 高速综合检测列车 [J]. 铁路技术创新，2012 (1)：12-15.

[11] 乔立升，吴积钦，徐可佳. 无线组网技术在接触网振动试验系统中的应用 [J]. 现代电子技术，2009，32 (1)：33-35.

[12] 吴昌博，周洪，鲁觉，等. 接触网应力实时检测及断线事故预警系统 [J]. 微计算机信息，2009，25 (19)：102-103.

[13] 段传宗，孙登峰. 铁路接触网防断线预警指示器：CN201819966U [P]. 2011-05-04.
[14] 赵晓娜，吴兴军，徐根厚. 德国高速铁路接触网检测系统 [J]. 中国铁路，2008 (9)：60-62.
[15] 张韬. 基于图像处理的接触网检测系统研究 [D]. 成都：西南交通大学，2008.
[16] 孟祥奎，吴积钦. 受电弓和接触网运行状态定点监测装置 [J]. 电气化铁道，2010 (2)：32-34.
[17] 张灵芝，龙剑，严兴喜. 接触网设备检修与维护 [M]. 成都：西南交通大学出版社，2016.
[18] 张刚，李志慧. 高速铁路牵引供电设备在线监测系统分析 [J]. 天津理工大学学报，2005 (6)：55-57.
[19] 铁信数据中心. 链形悬挂接触网监视装置 [J]. 中国铁路，2009 (3)：78.
[20] 何华武. 高速铁路运行安全检测监测与监控技术 [J]. 中国铁路，2013 (3)：1-7.
[21] 李延晶. 关于电气化铁路接触网管理和状态修系统的研究 [J]. 黑龙江科技信息，2011 (11)：16.
[22] 胡晓悦. 接触网及其状态修管理系统的研究 [D]. 成都：西南交通大学，2009.
[23] 杨平权，王修文. 接触网实施状态修应注意的几个问题 [J]. 铁道机车车辆，2003 (5)：68-70.
[24] 中铁武汉电气化局集团有限公司. 高速铁路电力及电力牵引供电设备维修参考手册 [M]. 北京：中国铁道出版社，2016.
[25] 刘再民. 接触网维修管理体系的研究与实践 [J]. 铁道机车车辆，2007 (3)：66-67.
[26] 陈绍宽. 铁路牵引供电系统维修计划优化模型与算法 [D]. 北京：北京交通大学，2007.
[27] 陈民武. 牵引供电系统优化设计与决策评估研究 [D]. 成都：西南交通大学，2009.
[28] 何正友，程宏波. 高速铁路牵引供电系统健康管理及故障预警体系研究

[J]. 电网技术，2012，36（10）：259-264.

[29] 余泽西. 客运专线固定设备综合维修管理模式研究［D］. 成都：西南交通大学，2009.

[30] 宋秀，尉宇. 基于短时分数阶傅里叶变换的异步电机转子断条故障诊断［J］. 武汉科技大学学报，2016，39（2）：145-149.

[31] 曹伟青. 机械早期故障弱信号提取及智能诊断研究［D］. 成都：西南交通大学，2015.

[32] 袁志鹏，刘明光，王英楠. 基于小波变换的接触网故障检测新方法［J］. 电气自动化，2009，31（5）：55-57.

[33] SUN Q，TANG Y. Singularity analysis using continuous wavelet transform for bearing fault diagnosis［J］. Mechanical systems and signal processing. 2002，16（6）：1025-1041.

[34] 谭阳红，叶佳卓. 模拟电路故障诊断的小波方法［J］. 电子与信息学报，2006（9）：1748-1751.

[35] JAYABHARATA REDDY M，MOHANTA D K. A wavelet-fuzzy combined approach for classification and location of transmission line faults［J］. International journal of electrical power & energy systems. 2007，29（9）：669-678.

[36] PARIKH U B，DAS B，PRAKASH MAHESHWARI R P. Combined wavelet-SVM technique for fault zone detection in a series compensated transmission line［J］. IEEE transactions on power delivery. 2008，23（4）：1789-1794.

[37] AL-RAHEEM K F，ROY A，RAMACHANDRAN K P. Application of the laplace-wavelet combined with ANN for rolling bearing fault diagnosis［J］. Journal of vibration and acoustics，2008，130（5）：1349-1358.

[38] 曲从善，路廷镇，谭营. 一种改进型经验模态分解及其在信号消噪中的应用［J］. 自动化学报，2010，36（1）：67-73.

[39] WU Z，HUANG N E. A study of the characteristics of white noise using the empirical mode decomposition method［J］. Proceedings mathematical，physical and engineering sciences，2004，460（2046）：1597-1611.

[40] BIN G F，GAO J J，LI X J. Early fault diagnosis of rotating machinery based on wavelet packets empirical mode decomposition feature extraction and neural network

[J]. Mechanical systems and signal processing, 2012, 27 (1): 696-711.

[41] 张德军，何发智，袁志勇，等. 基于模糊粗糙集的半监督影像分类算法 [J]. 华中科技大学学报（自然科学版），2016，44（1）：36-40.

[42] 孙国萌，韩蓓，李国杰. 基于概率方法的全寿命周期交直流混合配电网经济性评估 [J]. 电力建设，2016，37（5）：21-27.

[43] 胡昌华，樊红东，王兆强. 设备剩余寿命预测与最优维修决策 [M]. 北京：国防工业出版社，2018.

[44] 周晓军，奚立峰，李杰. 一种基于可靠性的设备顺序预防性维护模型 [J]. 上海交通大学学报，2005（12）：2044-2047.

[45] CHRISTER A H, WANG W, SHARP J M. A state space condition monitoring model for furnace erosion prediction and replacement [J]. European journal of operational research, 1997, 101: 1-14.

[46] JARDINE A K S, JOSEPH T, BANJEVIC D. Optiminzing condition-based maintenance decisions for equipment subject to vibration monitoring [J]. Journal of quality in maintenance engineering, 1999, 5 (3): 192-202.

[47] JARDINE A K S, BANJEVIC D, WISEMAN M, et al. Optimizing a mine haul truck wheel morors' condition monitoring program: use of proportional hazards modeling [J]. Journal of quality in maintenance engineering, 2001, 7 (4): 286-301.

[48] 官洪运，禹素萍，韩帮军. 电力设备预防性维修策略的优化 [J]. 江南大学学报，2004（3）：252-255.

[49] WANG W. Modelling condition monitoring intervals: a hybrid of simulation and analytical approaches [J]. Journal of the operational research society, 2003, 54: 273-282.

[50] CHRISTER A H, WANG W. A simple condition monitoring model for a direct monitoring process [J]. European journal of operational research. 1995, 82: 258-269.

[51] CHRISTER A H, WANG W, SHARP J M. A state space condition monitoring model for furnace erosion prediction and replacement [J]. European journal of operational research. 1997, 101: 1-14.

[52] SCARF P A, WANG W, LAYCOCK P J. A stochastic model of crack growth under periodic inspections [J]. Reliability engineering and system safety, 1996, 51 (3): 331-339.

[53] WANG W. A model to determine the optimal critical level and the monitoring intervals in condition-based maintenance [J]. International journal of produciton research, 2000, 38 (6): 1425-1436.

[54] WANG W, CHRISTER A H. Towrds a general condition-based maintenance model for stochastic dynamic system [J]. Journal of operational research society, 2000, 51: 145-155.

[55] WANG W, SCARF P A, SMITH M A J. On the application of a model of condition-based maintenance. Journal of operational research society, 2000, 51: 1218-1227.

[56] LI W, PHAM H. An inspection-maintenance model for systems with multiple competing processes [J]. IEEE trasaction on reliability, 2005, 54 (2): 318-327.

[57] LI W, PHAM H. Reliability modeling of multi-state degraded systems with multi-competing failures and random shocks [J]. IEEE trasactions on reliability, 2005, 54 (2): 297-303.

[58] BARBERA F, SCHNEIDER H, KELLE P. A condition-based maintenance model with exponential failures and fixed inspescion intervals [J]. Journal of the operational research society, 1996, 47: 1037-1045.

[59] BARBERA F, SCHNEIDER H, WASTON E. A condition-based maintenance model for two-unit series system [J]. European journal of operational research, 1999, 116: 281-290.

[60] BARATA J, SOARES C G, MARSEGUERRA M, et al. Simulaiton modelling of repairable muli-component deterorating systems for "on condition" maintenance optimization [J]. Reliability engineering and system safety, 2002, 76 (3): 255-264.

[61] 邵延君，马春茂，潘宏侠，等. 基于灰色马尔可夫模型的装备维修备件需求预测 [J]. 火炮发射与控制学报，2014，35 (1): 79-82.

[62] CHELBI A, AITKADI D. An optimal inspection strategy for randomly failing equipment [J]. Reliability engineering and systems safety, 1999, 63: 127-131.

[63] KLUTKE G A, YANG Y. The availability of inspected systems subject to shocks and graceful degradation [J]. IEEE transactions on reliability, 2002, 51 (3): 371-374.
[64] PARK K S. Optimal continuous - wear limit replacement under periodic inspections [J]. IEEE transaciton on reliability, 1988, 37 (1): 97-102.
[65] DIEULLE L, BERENGUER C, GRALL A, et al. Sequential condition-based maintenance scheduling for a deterorating system. European journal of operational research, 2003, 150: 451-461.
[66] GRALL A, BERNGUER C, DIELULLE L. A condition - based maintenance policy for stochastically deteriorating systems [J]. Reliability engineering and system safety, 2002, 76: 167-180.
[67] GRALL A, DIEULLE L, BERENGUER C, et al. Continuous-time predicitive-maintenance scheduling for deteriorating system [J]. IEEE transaction on reliability, 2002, 51: 141-150.
[68] CASTANIER B, GRALL A, BERENGUER C. A condition-based maintenance policy with non - periodic inspections for a two - unit series system [J], Reliability engineering and system safety, 2005, 87: 109-120.
[69] EN SHUN GE, QING MIN LI, AO LIN HUANG. Optimization of condition-based maintenance policy for deteriorating system based on monte - carlo simulation [J]. Advanced materials research, 2012, 1903: 544-544.
[70] 李金艳，吴杰康. 基于机会约束规划的电力系统安全成本优化计算 [J]. 电网技术，2006 (4): 78-81.
[71] 陈兴玉，张红旗，黄魁，等. 面向预测性维修的工程装备故障预测方法研究综述 [J]. 智能制造，2022 (2): 50-55.
[72] ANDERS GJ, ENDRENYI J, FORD G L, et al. A probabilistic model for ecaluating the remaining life of evaluating the remaining life of electrical insulation in roating machines [J]. IEEE transactions on energy conversion, 1990, 5 (4): 761-767.
[73] VAN DER DUYN SCHOUTEN F A, VANNESTE S G. Two simple control ploicies for a multicomponent maintenance system [J]. Operations research, 1993,

41 (6): 1125-1136.

[74] 姜学蕾, 张波, 韩学山. 基于模糊马尔科夫过程的电力设备状态维修优化 [J]. 山东大学学报 (工学版), 2014, 44 (4): 90-94.

[75] CHAN G K, ASGARPOOR S. Optimum maintenance policy with Markov processes [J]. Electric power systems research, 2006, 76: 452-456.

[76] 金玉兰, 蒋祖华, 侯文瑞. 以可靠性为中心的多部件设备预防性维修策略的优化 [J]. 上海交通大学学报, 2006 (12): 2051-2056.

[77] OKUMURA, S, OKINO N. A maintenance policy selection method for a critical single-unit item in each workstation composing a FMS with CBM optimization [J]. International journal of comadem, 2003, 6 (2): 3-9.

[78] AZADIVAR F, SHU V. Maintenance policy selection for JIT production systems [J]. International journal of production research, 1999, 37 (16): 3725-3738.

[79] BEVILACQUA, M, BRAGLIA M. The analytic hierarchy process applied to maintenance strategy selection [J]. Reliability engineering and system safety, 2000, 70: 71-83.

[80] ALNAJJAR B, ALSYOUF I. Selecting the most efficient maintenance approach using fuzzy multiple citeria decision making [J]. International journal of production economics, 2003, 84: 85-100.

[81] SHARMA R K, KUMAR D, KUMAR P. FLM to select suitable maintenance strategy in process industries using MISO model [J]. Journal of quailty in maintenance engineering, 2005, 11 (4): 359-374.

[82] 曹六兴. 电力输电线路的运行维护及故障检修探讨 [J]. 电工技术, 2017 (4): 116.

[83] TRIANTAPHYLLOU E, LIN C T. Development and evaluation of five fuzzy multiattribute decision-making methods [J]. International journal of aprroximate reasoning, 1996 (14): 281-310.

[84] TRIANTAPHYLLOU E, KOVALERCHUK B, MANN L, et al. Determing the most important criteria in maintenance decision making [J]. Journal of quality in maintenance engineering, 1997, 3 (1): 16-28.

[85] DENG H. Multicriteria analysis with fuzzy pairwise comparsion [J].

International journal of approximate reasoning, 1999, 21: 215-231.

[86] 郭尽朝. 同相供电技术在神朔铁路的应用前景研究 [J]. 机车电传动, 2013 (4): 47-50.

[87] LIU H, LI Q Z. High-speed railway traction power supply equipment condition-based maintenance decision model based on abrasion analysis [J]. Open automation and control systems journal, 2014 (6): 1669-1674.

[88] 张华志. 牵引变电设计标准与电力行业相关标准差异性分析 [J]. 铁道标准设计, 2014, 58 (4): 123-125.

[89] MEEUWSEN JJ, KLING W L. Substation reliability evaluation including switching actions with redundant components [J]. IEEE tractions on power delivery, 1997, 12 (4): 1472-1479.

[90] CARTWRIGHT J, DONAHOE D N, JACKSON M. Open forum - reliability prediction and assessment of electronic systems and equipment [J]. IEEE transactions on components packaging and manufacturing technology, 1999, 22 (1): 1312-1321.

[91] MATTESON, SCHUYLER. Methods for multi - criteria sustainability and reliability assessments of power systems [J]. Energy, 2014, 71: 130-136.

[92] YANG Q H, JIAN H Z. Reliability evaluation of main electrical connection of substation based on graph theory [J]. Applied mechanics and materials, 2014, 3025: 527-527.

[93] LIU Z X. The study on electronic equipments reliability prediction model [J]. Applied mechanics and materials, 2012 (152-154): 1885-1890.

[94] 王景春. 接触网设备事故原因分析及预防措施的探讨 [J]. 露天采矿技术, 2006 (S1): 35-37.

[95] 张红霞. 电气化铁路接触网故障分析及防范措施 [J]. 科技资讯, 2012 (15): 119.

[96] 卫永刚. 接触网补偿装置定滑轮存在问题及解决方案 [J]. 电气化铁道, 2010 (2): 41-42.

[97] 韩烨, 刘志刚, 耿肖, 等. 基于 HOG 特征与二维 Gabor 小波变换的高铁接触网支撑装置耳片断裂故障检测 [J]. 铁道学报, 2017, 39 (2): 52-57.

[98] SONG X C, GENG Y. Distributed community detection optimization algorithm for complex networks [J]. Journal of networks, 2014, 9 (10): 2758-2765.
[99] JIANG D, YING X, HAN Y. Collaborative multi-hop routing in cognitive wireless networks [J]. Wireless personal communications, 2016, 86: 901-923.
[100] HU J Y, GAO Z W. Modules identification in gene positive networks of hepatocellular carcinoma using pearson agglomerative method and pearson cohesion coupling modularity [J]. Journal of applied mathematics, 2012: 1-21.
[101] 秦少君. 基于资源元模型的产品生命周期信息追踪方法研究 [D]. 上海: 上海交通大学, 2013.
[102] 胡万志. 基于图像处理电子连接器视觉定位检测算法 [J]. 控制工程, 2017, 24 (1): 118-123.
[103] 潘长安. 视觉图像处理技术在车辆定位系统中的应用分析 [J]. 数字技术与应用, 2015 (11): 67-68.
[104] 于万聚. 高速电气化铁路接触网 [M]. 成都: 西南交通大学出版社, 2003.
[105] 杨广英. 几种常用接触网补偿装置的补偿性能对比 [J]. 铁道技术监督, 2008 (2): 39-40.
[106] 余优军. 三维 GIS 技术在工程测量中的应用 [J]. 工程建设与设计, 2017 (22): 217-218.
[107] YANG J, CHEN B, ZHOU J. Alow-power and portable biomedical device for respiratory monitoring with a stable power source [J]. Sensors, 2015, 15 (8): 19618-19632.
[108] 白天玉. 接触网风载故障的探讨 [J]. 铁道机车车辆, 2002 (1): 49-51.
[109] 王海杰. 浅析接触网断线原因和预防对策 [J]. 科技情报开发与经济, 2010, 20 (6): 195-196.
[110] 张俊杰. 接触网故障抢修存在的问题及对策 [J]. 铁道技术监督, 2010, 38 (10): 14-17.
[111] 徐超, 杨广英. 接触网导线断线分析及改进措施 [J]. 铁道技术监督, 2010, 38 (2): 19-20.
[112] 李雪, 吴俊勇, 杨媛, 等. 高速铁路接触网悬挂系统维修计划的优化研究

[J]. 铁道学报，2010，32（2）：24-30.
[113] 王瑞红. 电气化铁道接触网常见事故分析及对策 [J]. 科技创新导报，2010（20）：96.
[114] 危福根. 山区电气化铁路水害后的接触网抢修 [J]. 海峡科学，2009（5）：60-62.
[115] 赖志强，陈龙福. 电气化铁路接触网锚柱折断事故抢修预案的探讨 [J]. 上海铁道科技，2003（3）：14-15.
[116] 张宝军，刘枫. 状态修修制下的接触网设备检修 [J]. 铁道机车车辆，2004（6）：66-68.
[117] 乔立升. 基于图像处理技术的接触线振动检测系统的设计及实现 [D]. 成都：西南交通大学，2009.
[118] 三根久，河合一. 可靠性、维修性的数理基础 [M]. 北京：机械工业出版社，1988.
[119] 刘思峰，郭天榜. 灰色系统理论及其应用 [M]. 开封：河南大学出版社，1991.
[120] 赵峰，张庆平，王思华. 牵引供电系统可靠性预测及建模方法研究 [J]. 铁道科学与工程学报，2015，12（3）：678-684.
[121] 魏承辉，覃虹桥. 灰色系统理论在设备故障诊断中的应用 [J]. 吉首大学学报（自然科学版），2002（2）：70-74.
[122] 程宏波，何正友，胡海涛，等. 高速铁路牵引供电系统雷电灾害风险评估及预警 [J]. 铁道学报，2013，35（5）：21-26.
[123] 陈绍宽，王秀丹，柏赟，等. 基于费用最小的铁路牵引接触网维修计划优化模型 [J]. 铁道学报，2013，35（12）：37-42.
[124] 刘仕兵，朱雪龙，张艳伟，等. 基于灰色聚类和组合赋权法的高速铁路接触网健康状态评估研究 [J]. 铁道学报，2016，38（7）：57-63.
[125] 吴俊勇. 高速铁路供电系统 RAMS 评估理论及其应用 [M]. 北京：北京交通大学出版社，2013.
[126] 张恒旭，刘玉田. 极端冰雪灾害对电力系统运行影响的综合评估 [J]. 中国电机工程学报，2011，31（10）：52-58.
[127] 程宏波，何正友，母秀清. 基于多层免疫模型的高铁牵引供电系统健康监

测与评估 [J]. 电网技术, 2012, 36 (9): 95-101.
[128] 王玘, 何正友, 程宏波, 等. 基于多层免疫原理与模糊统计的地铁牵引供电系统健康评估方法 [J]. 铁道学报, 2015, 37 (12): 31-39.
[129] YUAN J, ZHONG Y, ZHANG C. Optimal electromagnetic hybrid negative current compensation method for high-speed railway power supply system [J]. 现代电力系统与清洁能源学报 (英文), 2016 (1): 123-134.
[130] ZHANG L N, ZHU Q. Multiple attribute network selection algorithm based on ahp and synergetic theory for heterogeneous wireless networks [J]. Journal of electronics (China), 2014, 31 (1): 29-40.
[131] WANG Y L, CHEN D D, CHEN X F, et al. Dynamic self-adaptive ANP algorithm and its application to electric field simulation of aluminum reduction cell [J]. Journal of central south university, 2015, 22 (12): 4731-4739.
[132] 王玘, 林圣, 杨健维, 等. 基于网络分析法的高铁牵引供电系统维修方式决策 [J]. 铁道学报, 2016, 38 (1): 18-27.

